U0610779

资源型企业
绿色创新

制度、技术与效应

王锋正   刘曦萌/ 著

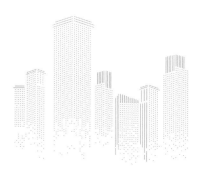

经济管理出版社
ECONOMY & MANAGEMENT PUBLISHING HOUSE

图书在版编目（CIP）数据

资源型企业绿色创新：制度、技术与效应 / 王锋正，刘曦萌著 . — 北京：经济管理出版社，
2025.9
ISBN 978-7-5243-0382-4

Ⅰ. F273.1

中国国家版本馆 CIP 数据核字第 2025EF4835 号

组稿编辑：勇　生
责任编辑：张　艳
责任印制：张莉琼
责任校对：王淑卿

出版发行：经济管理出版社
　　　　　（北京市海淀区北蜂窝 8 号中雅大厦 A 座 11 层　100038）
网　　　址：www. E-mp. com. cn
电　　　话：（010）51915602
印　　　刷：北京晨旭印刷厂
经　　　销：新华书店
开　　　本：720mm×1000mm/16
印　　　张：11.5
字　　　数：177 千字
版　　　次：2025 年 9 月第 1 版　　2025 年 9 月第 1 次印刷
书　　　号：ISBN 978-7-5243-0382-4
定　　　价：98.00 元

前　言

　　把握新发展阶段，贯彻新发展理念，构建新发展格局，以生态文明体制改革深化为引领，以科技革命和产业变革为驱动，已成为全面推进美丽中国建设进而实现社会主义现代化国家建设的核心力量与重要支撑。中国正处于全面建设社会主义现代化国家开局起步的关键时期，贯彻习近平生态文明思想，坚定不移走生态优先、节约集约、绿色低碳的高质量发展道路，锚定人与自然和谐共生的现代化建设进程中的痛点和难点，因地制宜地开展针对性的绿色创新活动，是中国生态文明建设由重点整治到系统治理、由被动应对到主动作为、由实践探索到科学理论指导的重大转变。2021 年 11 月，国家发展改革委、财政部、自然资源部印发的《推进资源型地区高质量发展"十四五"实施方案》提出，支持资源型企业的低碳化、绿色化、智能化技术改造和转型升级。资源型企业是一类以能源、矿产资源的采选和初加工为基本生产方式的企业群体，具有显著的资源依赖性和地理根植性特征，是中国地区经济发展的重要组成部分，也是推进美丽中国建设进程中的重要发力点。然而，资源型企业对资源依赖性强、产能严重过剩、创新质量不高、附加值过低、环境污染严重等问题和矛盾也严重阻碍了高质量发展。2024 年 7 月，《中共中央　国务院关于加快经济社会发展全面绿色转型的意见》提出，强化支撑绿色转型的科技创新、政策制度创新、商业模式创新，推进绿色低碳科技革命，因地制宜发展新质生产力，完善生态文明制度体系，为绿色转型提供更强创新动能和制度保障……强化企业科技创新主体地位。为此，以资源型企业绿色创新为导向，以制度环境为保障，以技术环境为支撑，已成为全面推进美丽中国建设、加快推进人与自然和谐共生的现代化的关键。那么，在中国经济由高速增长向高质量发展转变以及开启全面推进美丽中国建设新篇章的关键时期，因地制宜地厘清生态文明制度如何引领资源型企业绿色创新、科技革命如何支撑资源型企业绿色创新，是缓解生态文明建设根源性压力、深刻把握经济社会绿色转型时代大势和支撑全面推进美丽中国建设进而实现人与自然和谐共生的现代化建设的关键。

基于此，本书将锚定资源型企业绿色创新，紧紧把握生态文明制度和科技革命创新两大驱动引擎，深入探讨制度环境引领和技术环境助推资源型企业绿色创新的影响效应和作用机制，对经济社会高质量发展和人与自然和谐共生的现代化建设目标予以回应。具体来说，本书主要内容的研究逻辑框架如下：首先，基于制度变迁理论和波特假说等，探讨制度环境对资源型企业绿色创新的影响效应与作用机制，以回应制度环境能否产生资源型企业绿色创新效应的问题；其次，基于开放式创新理论和技术创新理论等，进一步厘清制度环境对资源型企业开放式创新的影响机理，并在此基础上以开放式创新为纽带，探讨了以"互联网+"为代表的新一代信息技术引致技术环境变化视角下，资源型企业创新能力对开放式创新环境的响应，以此回应制度环境带来资源型企业创新模式以及资源型企业对多变性技术环境适应能力的问题；最后，探讨了科技变革背景下，技术环境变化对资源型企业战略变革决策的影响，以此回应资源型企业为适应科技变革并实施绿色创新所需制定的战略决策问题，明晰资源型企业绿色创新对经济社会高质量发展和人与自然和谐共生的现代化建设的重大意义。

本书共由8章组成。第1章为引言，概述了研究背景、研究目的与意义、研究思路与研究方法，系统地梳理了制度环境与资源型企业绿色创新、技术环境与资源型企业绿色创新的国内外研究现状及发展动态，并简述了本书的主要研究内容；第2章为概念界定与理论基础，详细介绍了资源型企业、绿色技术创新、制度环境和技术环境基本概念，以及波特假说、技术创新理论、产业政策理论、环境政策理论、企业异质性理论和制度变迁理论；第3章至第4章为本书的第一个主要板块，以制度环境与资源型企业绿色创新为核心，基于政府治理理论与技术创新理论等探讨了制度环境对资源型企业绿色技术创新的影响效应与作用机制、基于环境治理理论和资源依赖理论等探讨了环境治理对资源型企业绿色技术创新的影响效应与作用机制;第5章至第7章为本书的第二个主要板块,以技术环境与资源型企业绿色创新为核心,主要探讨了技术环境变化背景下,资源型企业为促进绿色创新而实施的系列战略决策和战略措施,具体来说,基于开放式创新理论和技术创新理论等探讨了资源型企业创新能力对开放式创新的响应、基于环境适应理论和技术创新理论等探讨了"互联网+"环境对资源型企业转型升级的影响效应和作用机制、基于战略管理理论和资源依赖理论等探讨了"互联网+"环境对资源型企业战略差异度的影响效应和作用机制;第8章为研究总结与展望,一方面,总结并概述了本书的研究背景、基础理论和研究内容等;另一方面,从作用机制多样性、研究样本适宜性、指标构造系统性和研究方法前沿性四个方面探讨研究不足并提出研究展望。

本书是内蒙古大学经济管理学院王锋正教授课题组研究人员共同研究的成果,凝聚了大家的汗水和智慧。全书由王锋正和刘曦萌负责整体设计;第1章、第2章由王锋正和刘曦萌负责执笔撰写;第3章由王锋正负责执笔撰写,李明艳、齐子涵辅助数据与文献资料的收集和整理;第4章由王锋正负责执笔撰写,成思、郁雨晨辅助数据与文献资料的收集和整理;第5章由王锋正负责执笔撰写,陈方圆、杜千辅助数据与文献资料的收集和整理;第6章由王锋正负责执笔撰写,夏嘉欣、杜千辅助数据与文献资料的收集和整理;第7章由王锋正负责执笔撰写,王越、杨笑飞辅助数据与文献资料的收集和整理;第8章由王锋正、刘曦萌负责执笔撰写。最后由王锋正和刘曦萌对全书进行了审定。

感谢国家自然科学基金项目"异质政策工具影响资源型企业高质量创新的微观机理——基于知识基础视角"(72164030)、"开放式创新驱动西部资源型产业升级的机制与路径"(71563033),教育部创新团队发展计划项目"资源型产业与资源富集地区经济可持续发展"(IRT_16R41),内蒙古自治区高等学校创新团队发展计划支持项目"资源型企业高质量创新研究"（NMGIRT2415），内蒙古自治区直属高校基本科研业务费项目"双碳目标导向下资源型产业高质量发展的可持续性政策研究"（20700-54220346），内蒙古哲学社会科学规划基地重点项目"新技术驱动资源型企业创新机理与路径研究"（2019ZJD009）的共同资助。感谢全体参与撰写人员的共同努力和辛苦付出，感谢经济管理出版社勇生老师的辛勤付出。书中引述了参考文献中诸多学者的研究成果，在此一并表示感谢。

由于水平有限，书中难免存在疏漏与不当之处，敬请广大读者批评指正。

目 录

|第 1 章|
引　言

1.1　研究背景

　　资源型企业是一类以能源、矿产资源的采选和初加工为基本生产方式的企业群体，具有显著的资源依赖性和地理根植性特征，根据其在产业价值链所处位置的不同，可以划分为资源采选型企业和资源加工型企业两类。依托当地蕴藏丰富的能源与矿产资源，大批资源型企业迅速崛起并实现了快速的规模化扩张，创造了史无前例的成长速度，在 2008 年全球金融危机到来以前实现了年均增速高达 20% 的迅猛扩张与发展（薛军和汪戎，2013）。尽管自 2010 年以来资源型企业扩张速度有所下降，但其工业产值占所在省区 GDP 的比重高达 50%，是地区经济发展的重要组成部分（王锋正等，2020）。伴随资源开发规模不断扩大和资源型企业持续扩张，资源依赖性强、产能严重过剩、附加值过低、环境污染严重等问题和矛盾日益凸显，严重制约着经济社会的高质量发展。立足于全面建设社会主义现代化国家开局起步的关键时期，加快推进资源型企业绿色创新已势在必行。其原因在于，绿色创新是资源型企业提高能源效率、摆脱资源束缚、提高产品质量、优化产品结构、提升企业价值和实现清洁发展的关键驱动，是经济社会发展绿色化、低碳化转型和建设美丽中国的重要力量，不仅直接关系企业自身资源基础结构、资源利用效率和开发生产质量，更会直接影响人与自然和谐共生的现代化建设进程与深度（王锋正等，2024）。

党的二十大报告明确提出，完善支持绿色发展的财税、金融、投资、价格政策和标准体系……加快节能降碳先进技术研发和推广应用……有计划分步骤实施碳达峰行动。完善能源消耗总量和强度调控，重点控制化石能源消费……全方位、全地域、全过程加强生态环境保护，生态文明制度体系更加健全……生态环境根本好转，美丽中国目标基本实现。2023年中央经济工作会议提出深入推进生态文明建设和绿色低碳发展，并着眼于发挥科技创新对绿色环保的引领作用。2023年12月，《中共中央　国务院关于全面推进美丽中国建设的意见》直接提出，要抓好生态文明制度建设、加强绿色科技创新，加快形成以实现人与自然和谐共生现代化为导向的美丽中国建设新格局。由此可以看出，党中央高度重视兼顾制度环境和技术环境的绿色创新驱动模式，强调要推进生态文明建设并着眼于发挥科技创新对绿色创新的驱动作用，旨在通过制度和技术的"双重引擎"，推动经济社会全面绿色转型，以实现人与自然和谐共生的现代化。制度环境为绿色创新提供了坚实的制度保障和政策支持，通过完善相关法律法规、政策标准和监管体系，引导和约束资源型企业积极开展绿色创新。技术环境则为绿色创新提供了强大的"科技引擎"和资源支撑，通过加快节能降碳先进技术的研发和推广应用，提高资源利用效率，降低环境污染和生态破坏的风险。因而，紧紧把握生态文明制度和科技革命创新两大驱动引擎已成为加快高质量发展和实现人与自然和谐共生的现代化的重要驱动力量。

制度环境是指一系列与政治、经济和文化有关的法律、法规和习俗，在资源型企业绿色创新中扮演着至关重要的角色。一方面，完善的生态文明制度体系可以为资源型企业绿色创新提供明确的研发方向和规制约束。通过制定严格的环保法规、碳排放标准、能效标准等，可以引导和约束资源型企业积极开展绿色创新，推动形成绿色低碳的发展模式。另一方面，制度环境可以为绿色技术的研发和推广提供有力的政策支持。通过加大政策扶持、资金投入和税收优惠等激励措施激活资源型企业绿色创新内驱力。技术环境是指特定领域或地区的技术发展、应用和创新状况，涵盖了技术水平、发展速度、技术趋势以及技术应用等多个方面，技术环境在资源型企业绿色创新中同样具有不可或缺的作用。一方面，技术环境能够为资源型企业提供节能降碳、污染控制、资源循环利用的先进技术经验与知识，以大幅提高绿色创新能力并降低绿色创新风险。另一方面，技术环境还可以为制度环境提供有力的工具支撑，通过技术手段的监测、评估和预警等功能以及时发现和解决潜在的制度程序性问题，为政府制定和调整环保政策提供科学依据和参考。

基于此，本书将紧紧把握生态文明制度和科技革命创新两大驱动引擎，以资源型企业绿色创新为落点，深入探讨制度环境引领和技术环境助推资源型企业绿色创新的效应和作用机制，对推动经济社会高质量发展和实现人与自然和谐共生的现代化建设目标的战略路径予以回应。本书不仅为资源型企业深化理解绿色创新价值和广泛探索绿色创新路径提供坚实的理论基础，而且还为政府部门加快推进高质量发展步伐、建设美丽中国和实现人与自然和谐共生的现代化提供重要的政策制定依据。

1.2 研究目的与意义

1.2.1 研究目的

本书立足于全面建设社会主义现代化国家开局起步的关键时期，锚定人与自然和谐共生的现代化建设进程中的痛点和难点，以资源型企业绿色创新为研究对象，紧紧把握生态文明制度和科技革命创新两大驱动引擎展开深入探讨，在此基础上，共设定了以下 4 个研究目的：

（1）探索、总结并归纳资源型企业绿色创新的有效途径。明晰现有资源型企业绿色创新相关研究的核心理念与作用机制是本书设立研究框架、确认研究视角和充实研究内容的基础。为此，本书从制度环境与资源型企业绿色创新、技术环境与资源型企业绿色创新两个层面，对国内外相关文献的研究框架、研究理论、研究视角、研究方法和研究结论等展开综述，以期明晰国内外研究现状及发展动态。总结并归纳现有研究对于制度环境和技术环境促进资源型企业绿色创新以实现保护生态环境与驱动高质量发展的路径与机理的探索，不仅益于本书进一步拓展研究视角、丰富研究理论并深化研究逻辑，还能够为资源型企业深化理解绿色创新价值和广泛探索绿色创新路径提供坚实的理论基础。

（2）从制度环境层面探讨资源型企业绿色创新的影响因素与作用机制。制度环境是经济、社会运行的一系列规则，直接决定了市场主体获取资源、商品和服务的交易费用。在本书中，制度环境是引发资源型企业绿色创新内驱力的重要外部动力源，直接关乎资源型企业绿色创新的内驱力与积极性。为此，本书基于产业政策理论、环境政策理论和制度变迁理论等，探讨了制度环境对资源型企业绿色技术创新的影响效应与作用机制、环境治理对资源型企业绿色技术创新的影响效应与作用机制，旨在回应制度环境是否以及如何对资源型企业绿色创新产生影响效应的问题、资源型企业应利用何种创新模式的问题。在此基础上，力图厘清如何建设制度环境以促进资源型企业绿色创新以及资源型企业实现绿色创新的难点与困境，为政府因地制宜制定针对性政策来提高资源型企业的绿色创新能力，从而驱动资源型企业乃至促进地方和国家经济走上高质量发展之路奠基。

（3）从技术环境层面探讨资源型企业绿色创新的影响因素与作用机制。技术环境是指特定领域或地区的技术发展、应用和创新状况，涵盖了技术水平、发展速度、技术趋势以及接纳情况等多个方面，技术环境在资源型企业绿色创新中同样具有不可或缺的作用。为此，本书基于企业异质性理论和技术创新理论等，探讨了开放式创新对资源型企业技术创新能力的影响效应与作用机制、"互联网＋"环境对资源型企业转型升级的影响效应与作用机制以及"互联网＋"环境对资源型企业战略差异度的影响效应与作用机制，旨在回应技术环境变化背景下资源型企业应制定何种战略决策以及如何实施战略措施以支撑绿色创新的问题，赋予面对资源与环境双重约束的资源型企业借助"互联网 +"发展实现创新驱动优化升级和绿色创新以打破"三高一低"造成的产业结构单一、产能过剩、有效供给不足桎梏的技术底蕴。

（4）为国家和地区制定资源型企业绿色创新战略提供理论基础和政策依据。实现资源型企业绿色创新直接关系人与自然和谐共生的现代化建设的效率与质量。本书旨在研究制度环境和技术环境促进资源型企业绿色创新的作用机制，寻求资源型企业进行绿色创新的有效模式，确保资源型企业绿色创新数量和质量能够满足人与自然和谐共生的现代化建设的需求，为国家和地区支持资源型企业绿色创新提供理论基础和政策依据。

1.2.2 研究意义

立足中国实际，围绕研究背景，锚定研究目标，本书的研究意义主要体现在以下三个方面：

（1）资源型企业绿色创新的理论探索与创新。针对资源型企业这一特殊对象的绿色创新驱动因素的研究相对缺乏，本书立足于全面建设社会主义现代化国家开局起步的关键时期，针对人与自然和谐共生的现代化建设痛点与难点，从制度环境和技术环境的视角出发，以"资源型企业绿色创新：制度、技术与效应"为主题展开理论研究的探索与创新，以期充实并扩展相关领域研究内容。

（2）资源型企业绿色创新的动力因素探索与整合。探讨资源型企业绿色创新的驱动因素是助力实现人与自然和谐共生的现代化的关键。为此，本书通过对制度环境（如政策法规、市场机制、环境规制等）和技术环境（如开放式创新环境和"互联网 +"环境等）的综合考察，探索并整合影响资源型企业绿色创新的关键动力因素。这一研究不仅有助于揭示资源型企业绿色创新行为的内在逻辑，还能为政策制定者提供科学依据，以促进资源型企业更加积极地投身于绿色创新实践。

（3）资源型企业绿色转型的战略制定依据与创新模式引领。本书的研究成果将应用于资源型企业的绿色转型战略过程。通过对资源型企业绿色创新驱动因素的分析，厘清研究逻辑并剖析研究中发现的问题，提炼出有针对性的资源型企业绿色创新模式和策略以及政策建议，旨在助力资源型企业充分利用制度环境因素并强化技术环境支撑，进而为建设人与自然和谐共生的现代化贡献力量。

1.3 研究思路及方法

1.3.1 研究思路

本书的研究思路如图 1-1 所示。

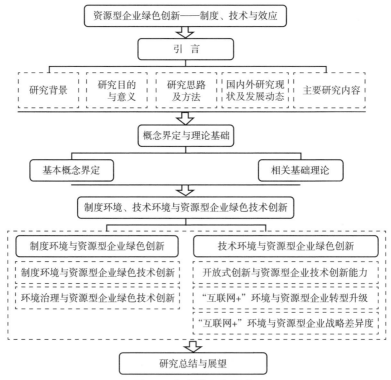

图1-1 本书的研究思路

1.3.2 研究方法

为深入探讨制度环境和技术环境对资源型企业绿色创新的影响效应与作用机制，本书采用多种研究方法展开全面和深入的探讨，包括理论分析法、因子分析法、层次分析法、多元线性回归法、逻辑演绎与经验归纳法，具体如下：

（1）理论分析法。通过对制度环境、技术环境、资源型企业绿色创新等领域的已有研究文献进行梳理与归纳总结，本书建立了初步的基础理论关系框架模型。这一过程不仅有助于明确研究问题，还为本书的后续实证分析奠定了坚实的理论基础。

（2）因子分析法。因子分析法是一种用于数据降维和变量间关系探索的统计方法。在本书中，因子分析法被用于处理反映环境规制、资源型企业绿色创新等方面的数据。首先，本书主要利用 Python 技术从数据库、年报和网站等渠道收集二手数据。其次，对数据进行预处理，包括数据清洗、缺失值处理和异常值处理等，以确保数据的准确性和可靠性。最后，在数据预处理的基础上，运用因子分析法提取出能够反映核心研究变量的因子。这些因子是原始变量的线性组合，能够更简洁地表示原始数据的信息。通过因子分析，本书不仅降低了数据的维度，还明确了各因子所代表的经济含义，为后续回归分析提供了清晰的变量。

（3）层次分析法。层次分析法是一种用于解决复杂决策问题的系统方法。在本书中，层次分析法被用于进一步细化制度环境和技术环境对资源型企业绿色创新的影响路径。根据理论框架和因子分析结果，构建层次结构模型。该模型包括目标层、准则层和方案层等多个层次，每个层次都包含相应的变量和指标。在层次结构模型构建的基础上，本书运用层次分析法确定各变量的权重，并对各方案进行排序，为后续的实证研究奠定数据基础。

（4）多元线性回归法。多元线性回归法是一种用于分析自变量对因变量影响的统计方法。在本书中，多元线性回归法被用于验证制度环境和技术环境影响资源型企业绿色创新的微观机理及差异，以及绿色创新对双元绩效的影响。首先，构建包含自变量、协变量以及企业和时间固定效应的多元线性回归模型。其次，通过假设检验来验证模型的可靠性和有效性。在模型构建和假设检验的基础上，本书对回归结果进行深入分析和讨论。通过检验自变量的系数大小和显著性水平，能够识别出制度环境和技术环境对资源型企业绿色创新的影响效应。同时，通过对比不同情境下的回归结果，还能够揭示制度环境和技术环境对资源型企业绿色创新影响的差异性和异质性。

（5）逻辑演绎与经验归纳法。逻辑演绎是一种从一般到特殊的推理方法。在本书中，逻辑演绎被用于从理论框架和实证分析结果中推导出具体的政策建议和实现路径。通过逻辑演绎，本书能够基于已有的理论分析和实证结果，提出具有针对性和可操作性的政策建议，为资源型企业开展绿色创新提供指导。经验归纳是一种从特殊到一般的推理方法。在本书中，经验归纳被用于总结和分析资源型企业绿色创新的一般性经验。通过对比和分析不同行业的资源型企业在绿色创新过程中的经验和教训，本书能够提炼出使资源型企业绿色创新成功的关键因素和失败的普遍原因，为后续的政策建议和实践操作提供有益的参考。

综上所述，本书采用了多种研究方法，包括理论分析法、因子分析法、层次分析法、多元线性回归法、逻辑演绎和经验归纳法等，以全面深入地探讨制度环境和技术环境对资源型企业绿色创新的影响效应。通过这些方法的综合运用，本书不仅揭示了制度环境和技术环境对资源型企业绿色创新的影响路径和差异性，还提出了具体的政策建议和实现路径。这些研究成果对于推动资源型企业绿色创新的发展和实践具有重要的指导意义。

1.4 国内外研究现状及发展动态

本书全面深入地探讨了制度环境和技术环境对资源型企业绿色创新的影响效应，并着重关注处于产业价值链不同区段的资源型企业绿色创新行为。由此，本书将围绕上述主题从制度环境与资源型企业绿色创新、技术环境与资源型企业绿色创新两个方面，展开国内外研究现状及研究动态的分析。

1.4.1 制度环境与资源型企业绿色创新

"制度环境"的概念定义较为广泛，具体来说，制度环境涵盖了一系列政治、社会与法律的基础规则，为生产、交换与分配搭建起稳固的基础平台，从而保障经济活动得以顺利进行（兰斯·E.戴维斯和道格拉斯·C.诺思，2019）。从程序规范的视角出发，有学者认为，制度环境是一系列的规则或者规范，可以细化为组织的登记注册、资金筹集、税收优惠、法制监管等方面的规则（陈成文和黄开腾，2018）。从静态制定和动态执行的角度出发，制度环境是一个包含正式和非正式制度以及实施机制的复杂系统（姜耀辉和刘春湘，2020）。从体系化角度出发，制度环境表现为市场的公平竞争、要素的自由流动、健全的法律法规体系和良好的执法水平等（熊焰和杨博旭，2022）。综上所述，学术界从不同角度对制度环境的内涵作出了解释，具有极强的理论价值。在此基础上，本书通过梳理并分析相关研究，认为制度环境是在一定社会范围内，能够与组织产生交互，具有规范性、强制性和一般性的政策工具。那么，制度环境对资源型企业绿色创新的影响效应究竟如何？"波特假说"认为，适宜的制度环境是促进资源型企业绿色创新的重要外部条件，如以绿色创新为导向的减税降费、财务激励和信息披露等政策是克服资源型企业绿色创新效应困难的重要"破局"之策（王锋正，2018）。基于制度环境理论，制度环境主要通过直接环境规制和间接减税降费对企业绿色创新起到重要的促进作用，如通过促进产学研合作、政府降税或政府补贴、政府采购新技术以及主导绿色资源配置等方式来引导企业绿色创新（刘小花和高山行，2020）。因为制度环境在一定程度上影响和规范了个体及企业行为活动，从而不可避免地直接或间接影响企业绿色创新行为，企业行为必然受到宏观经济政策、政治环境和法律体系等外部制度环境的影响。除此之外，学界进一步将制度环境区分为环境政策工具和产业政策工具。其中，环境政策工具主要包括命令控制型环境政策工具、市场激励型环境政策工具和公众参与型环境政策工具。产业政策工具主要聚焦在供给型产业政策工具与需求型产业政策工具两方面（刘秀玲等，2018）。其中，供给型产业政策工具是指政府对企业进行资金、人才、信息等资源的直接供给手段，具体包括资金支持、人才培养、信息开放、技术供给等直接推动创新创业发展的产业政策工具等（杨凯瑞等，2022）。需求型产业政策工具主要以市场为导向，通过政府采购、税务补贴、价格指导等方式降低市场风险、拓展新技术应用或开辟新产品的市场，以此来激励企业进行研发和创新（李娅和官令今，2022）。回顾梳理国内外关于政策环境与资源型企业绿色创新的研究发现，学术界直接探讨政策环境对资源型企业绿色创新影响效应的研究较少，已有研究主要从政策工具的角度进行切入，其原因在于政策工具是政策环境的现实表现。因此，从政策工具的角度对已有研究进行系统性的梳理具有更强的现实意义。

1.4.1.1 环境政策工具与资源型企业绿色创新的研究

环境政策工具是指政府实现环境政策目标所运用的各种方法与技术的总称，是通过环境政策干预企业活动达到经济与环境协调发展的社会性规制，核心问题在于解决经济活动中的环境外部性问题（林枫等，2018；王锋正等，2018；李晓萍等，2019）。从静态制度和动态执行的角度出发，环境规制是一个包含正式和非正式制度以及实施机制的复杂系统（姜耀辉和刘春湘，2020）。良好的环境规制表现为市场的公平竞争、要素的自由流动、健全的法律法规体系和良好的执法水平等（熊焰和杨博旭，

2022）。学术界从不同角度对环境规制的内涵作出了解释，本书基于对相关讨论的梳理，将环境规制看作是在一定社会范围内与组织产生交互的政策工具的制定和执行。

综述国内外研究结论，环境政策对企业绿色创新的影响主要包括以下三个方面：①环境政策工具促进企业绿色创新。多数学者认为，环境政策对企业绿色创新有明显的促进作用，精致的环境政策工具更是如此（石大千等，2019；张冬洋，2020），排污权交易试点政策（齐绍洲等，2018；胡江峰等，2020）和排污收费（李青原和肖泽华，2020）能够通过诱发企业增加绿色研发投资促进绿色技术创新，同时还能够通过正向激励促使企业开展绿色工艺创新和绿色产品创新（代应等，2021）。环保税收和研发补助等政策可以激活企业绿色创新内驱力，从而促进绿色创新发展，还能够实现环境与社会双重福利的增长（刘海英和郭文琪，2021；肖添丰，2022）。以碳金融为代表的绿色金融能够在外部环境规制较弱的条件下，仍对资源型企业绿色创新产生积极影响（王康，2023）。由此，学界部分研究认为，无论是以政府补贴为代表的弱环境规制或以行政惩罚为代表的强环境规制均能够对资源型企业绿色创新产生积极影响（谷丰和姜美同，2022）。②环境政策工具制约资源型企业绿色创新。相关研究发现，在激励型环境政策的应用下，由于对政府补贴的用途缺乏有效的监督和管控，导致政府补贴对企业的绿色技术创新产生了挤出效应（Chen 等，2020）。该类抑制效应在欠发达地区尤为明显，尤其是企业潜在的寻租行为导致政府补贴对绿色技术创新产生了显著的抑制作用（杨燕，2021）。如为获取政府环保补贴从而开展的寻租行为对企业绿色创新产生了显著的"挤出效应"（李青原和肖泽华，2020）。③环境政策工具对资源型企业绿色创新的影响存在不确定性，即存在不显著或者非单调线性关系。演化经济学理论指出，企业因自身特征的差异，其行为准则也不尽相同，从而使政策工具对企业的绿色创新产生不确定的影响。杨朝均等（2018）发现，环境政策的"三同时"制度、环境排污制度、环境投诉处理率与绿色创新能力呈倒"U"形关系。王珍愚等（2020）则发现，环境规制对企业绿色创新有先抑制后促进的"U"形影响效应。邱士雷等（2018）则指出，不同类型的环境管制对企业环境绩效的影响存在一定的不确定性，唯有政府实施适度且合理的环境管制，方能实现经济绩效与环境绩效的协调统一。Wu等（2022）研究得出，因为缺乏对补贴资金的监管，当政府补贴水平较低时，有利于企业的绿色技术研发投入，但是当政府补贴达到一定数量后，政府补贴会被投入到生产运营中，从而不利于绿色技术研发（郑洁等，2020）。此外，还有学者指出，不同类型的环境政策工具对不同生命周期的企业起到不同的作用，惩罚型或激励型政策对成熟期的企业绿色创新有正向作用，但对成长期企业的正向作用却不显著，在衰退期，惩罚型政策甚至可能会产生不利影响（刘座铭，2024）。环境政策工具影响绿色创新的效应，还取决于政策设计特征及其应用的具体情境，命令控制型环境政策存在短期约束、长期促进的作用（林枫等，2018），市场激励型政策工具具有明确方向与促进行为主体自主灵活性的作用（王怀明和王辉，2018），自愿行动型政策工具能够对企业产生更强的创新激励但需强有力的政府政策来保障与监督（潘爱玲等，2019；潘翻番等，2020）。

综上所述，学者就环境政策工具与资源型企业绿色创新进行了广泛而深入的探讨，然而仍存在相悖的研究结论，除此之外，研究基本聚焦于行业和区域进行分析，且行业比较分散，如船舶、造纸等。同时，研究视角仍以环境政策工具为主，尤其行政强制性环境管制手段与传统产业政策相结合的政策组合尚未上升至制度环境的宏观层面（李晓萍等，2019）。

1.4.1.2　产业政策工具与资源型企业绿色创新的研究

黄新平等（2020）认为，政策工具包括政策主体、目标、手段等几个重要因素，是政府解决产业问题的主要途径和手段，在此基础上，指出产业政策工具通常是指政府为了实现某种经济社会目标而制定的有特定产业指向的政策总和，其可以通过政府这只"看得见的手"较快地进行资源配置，旨在促进产业增长和效率提升，重点在于应对技术与研发活动的创新外部性问题（李晓萍等，2019）。现有围绕产业政策工具与资源型企业绿色创新研究的结论观点并不一致，主要包括：①产业政策工具促进资源型企业绿色创新。刘亭立和傅秋园（2018）针对绿色能源产业进行研究发现，人才培育、政府采购和公众认知等政策工具影响着资源型企业绿色创新，通过税收优惠、信贷支持、专项基金和政府补贴等方式可以激励资源型企业进行绿色转型升级。金宇等（2019）采用多时点 PSM-DID 进行研究发现，产业政策有利于资源型企业专利质量的提升。还有学者认为，人才供给型政策、基础设施供给型政策、财政供给型政策均能使资源型企业的创新绩效得到显著提升。②产业政策工具制约资源型企业绿色创新。张杰和郑文平（2018）认为，政府资助政策会对企业绿色创新质量产生阻碍作用。任跃文（2019）则认为，政府补贴对企业绿色创新效率存在显著抑制作用。武威和刘玉廷（2020）也认为，政府采购支持企业自主创新存在"重应用、轻发明"的现象，进而显著抑制企业绿色创新。王桂军和张辉（2020）、袁胜军等（2020）研究发现，政府补贴与税收优惠会降低企业的创新质量。③产业政策工具对企业绿色创新的影响存在不确定性，即不显著相关或者存在非单调线性关系。李苑艳等（2018）研究发现，产业政策对于生物质能源企业绿色创新的影响呈现"U"形特征。杨薇和栾维新（2018）以海洋能产业为对象，认为产业政策工具对海洋能企业创新的影响呈倒"U"形特征。有学者研究发现，政府补贴对我国重污染企业绿色创新的影响呈现"U"形特征。

综上所述，政府产业政策可以有效减轻企业绿色创新对自有资金的依赖，拓宽企业绿色创新的融资渠道，进而促使企业加大绿色创新投入力度，最终提升企业绿色创新的效率与质量（张婷婷等，2019）。然而也有学者提出了"抑制观"和"不确定观"。由此可见，政府产业政策工具对企业绿色创新存在重要影响作用，但现有研究尚未形成一致观点，有待进行深入研究和验证。

1.4.2　技术环境与资源型企业绿色创新

新一代信息技术飞速发展引领科技革命和产业变革的发生，技术环境也逐渐成为市场主体转变发展战略和转换发展动能的重要影响因素之一。

目前，以"互联网+"和"数字经济"为代表的新一代信息技术产业已成为中国数字经济体系建设的支柱。新一代信息技术，作为一系列用于信息管理与处理的技术的统称，主要包括云计算、大数据、物联网、区块链、5G等技术，现有对技术环境对资源型企业影响效应的研究主要围绕数字经济展开，而基于"互联网+"的研究较少。学界围绕这一主题展开了深入研究和探讨。数字经济具有鲜明的循环往复的阶段性发展特征（陈宏民等，2023）。第一阶段为数据数字化，从传统的信息形态逐步转化为数字化形态，这一转变使海量信息得以在互联网中高效存储和迅速传递（荆文君和孙宝文，2019）。如互联网技术加速信息转移、吸收与扩散，实现虚拟经济与实体经济的初步融合，企业借助"互联网+"技术，通过创新驱动实现优化升级，向资源高效利用和数字化转型升级。第二阶段为数据要素化，在这一阶段，数据不再是数字的简单堆砌，而是成为与其他生产要素深度融合的关键要素。数据不再只停留在数字化的简单存储和传递阶段，更强调数据在各种要素中的价值和作用，数据与其他资源的结合具有巨大的增值效应和协同效应（赵涛等，2020）。例如，数字普惠金融不仅克服了传统金融交易成本过高与借贷歧视等弊端，同时拓展了普惠金融的触达能力与服务深度，提高金融资源的普惠性与可得性，强化了企业抵抗外部冲击、加快高质量发展的新引擎。第三阶段为数据驱动化，指数据已成为重要的新型生产要素，社会经济主要由数据驱动，数据的应用和价值在这一阶段得到了最大程度的发挥，数据资源将成为推动经济和社会发展的主要力量，企业和机构需要以数据为核心来进行决策和创新，实现更高效、更智能的生产和管理（陈剑等，2020）。

对数字经济影响企业效应的研究主要围绕以下四个方面展开：①数字基础。数字基础是数字化技术的基础支撑，具体表现为各区域、各主体间的互联互通。资源型企业可以通过融合数字化技术和高度互联性的信息网络来得到绿色技术创新的溢出（薛成等，2020）。然而，大规模的数字化基础设施建设会导致公共资产闲置和增加管理难度，从而影响辖区资源型企业的绿色技术创新，因此也会产生一定的负面效应（周青等，2020）。

②数字投入。数字投入是数字化技术的强大动力，体现为数字基础设备发展的深度。朱迎新（2023）认为，数字投入可以显著影响非国有大型企业的创新绩效，同时对国有以及中小型企业也具有一定的促进作用。③数字素养。数字素养是数字化技术发展的运作保证，也是市场主体在数字经济发展过程中生存能力的体现。提高企业的数字化素养，可以缩小资源型企业之间的数字化差距，在实际工作中，可以对所需的信息进行准确的分析与筛选，来提高协同效率，推动绿色技术创新（王锋正等，2022）。④数字应用。数字应用是指数字化技术在现实生活中的应用，也就是人们具有运用新的信息技术进行创新的能力。数字化技术的运用促进了资源型企业的绿色技术创新，可以通过突破企业的创新边界减少市场型交易费用进而提升绿色创新水平（王可和李连燕，2018）。通过对数字经济与技术发展阶段的相关研究，能够更好地厘清数字经济发展的不同阶段与不同层面对绿色创新影响的机制，为资源型企业绿色创新提供理论支撑。因此，本书探讨研究数字经济影响资源型企业绿色创新的微观机理，并着重关注处于产业价值链不同区段的资源型企业绿色创新行为及其影响因素。

学界也进一步从数字经济的视角围绕技术环境对资源型企业绿色创新的影响效应与作用机制展开深入探讨，具体来说：①数字经济促进资源型企业绿色创新。在数字经济视角下，资源型企业能够通过企业数字经济化缓解资源约束进而提高创新水平和开展绿色创新活动（刘丽娜和闫照坤，2021）。数字素养作为数字经济发展的运行保障，能够解决资源型企业的"数字鸿沟"，使企业在绿色实践中精确批判性分析和选择所需信息，并提升协调效率，促进绿色创新（张丽华等，2019）。数字经济给组织的研发和创新方式带来了重大变化，具有显著的经济绩效和环境绩效（Chen等，2020）。数字经济提高了政府对企业资源集成效率和环境行为进行监控的能力，已经成为企业绿色生产和构建健康生态环境的关键，推进企业实现绿色创新。同时，数字经济能够加快信息传播的速度，在数据要素化阶段，通过将区域创新系统与企业创新活动供需进行有机融合，有助于企业间的技术知识共享，提高企业绿色创新速度。并且数字经济凭借高渗透性、规模效应及网络效应加速信息与知识要素流转，能够减少资源错配进而促进绿色创新（徐维祥等，2021）。随着经济与技术的持续发展，数字经济已成为企业绿色技术创新的重要环境，其通过促进数字化转型、开放性合作和创新模式变革三重路径为企业绿色技术创新提供支持（孙全胜，2023）。数字经济可以有效促进企业的绿色创新，主要通过优化企业人力资本结构来促进企业绿色创新。②数字经济制约资源型企业绿色创新。随着数字化基础设施建设规模的扩大，将导致地区公共资产闲置进而不利于辖区资源型企业合理利用数字资产进行绿色创新（周青等，2020）。而以数字经济为核心的数字化技术运行难度大、应用范围广、使用种类过多时，会导致企业的资源能力与技术基础无法与其对数字化技术应用的更高需求相匹配，因此，资源型企业的绿色创新水平有可能会不升反降。数字经济的发展，数字化技术的应用尤为突出，然而随着数字化技术的滥用，企业也面临着信息过载、信息质量低、信息安全性等诸多问题，这不仅会影响科学决策的迅速制定和精确执行，而且还会导致信息处理费用远远超过数字化技术带来的收益，从而增加企业的市场型交易费用，阻碍企业绿色创新（周青等，2020）。数字经济也会产生补偿效应和反弹效应，加剧环境退化，进而抑制企业绿色创新行为。Cheng 等（2019）研究发现数字经济存在城市等级门槛效应，会抑制四线城市和五线城市企业的绿色技术创新。③数字经济对资源型企业绿色创新的影响存在不确定性。数字经济的数字基础、数字投入、数字要素和数字应用四个分项指标均对资源型企业绿色技术创新存在显著倒"U"形影响，技术整合能力正向调节地区数字化综合水平及其分项指标对资源型企业绿色技术创新的影响（王锋正等，2020）。有学者指出，由于企业在前沿技术方面存在差距，使数字化技术同样与企业创新存在倒"U"形非线性关系的调节效应，证实了"数字悖论"的存在。研究还发现，数字经济背景下丰富的数字化技术应用情境有助于促进企业创新成果的市场价值转化，但对于环境绩效的影响不显著（成琼文和陆思宇，2023）。

综上所述，现有研究发现数字经济具有显著的高渗透性、规模效应和网络效应，能够通过有效提升企业资源配置效率、增加创新投入和转化资源基础从而促进企业绿色创新，但由于"补偿效应"和"反弹效应"的存在同样对企业绿色创新产生负向影响作用。

1.5　主要研究内容

本书立足于新发展阶段，贯彻新发展理念，兼顾生态文明和科技革命纵深发展及加快推进美丽中国建设的现实背景，深入探讨制度环境、技术环境对资源型企业绿色创新的影响效应和作用机制。具体来说：

（1）引言。本部分以第 1 章为主体，该部分主要包括研究背景、研究目的与意义、研究思路及方法、国内外研究现状及发展动态、主要研究内容。首先，党的二十大报告明确提出要立足我国能源资源禀赋，坚持先立后破，有计划分步骤实施碳达峰行动。《推进资源型地区高质量发展"十四五"实施方案》进一步明确要提升科技创新能力，加快新旧动能转换。在此基础上，引出制度环境与技术环境的两大驱动点，探究其对资源型企业绿色创新的影响效应和作用机制。其次，研究目的与意义部分明晰了本书的研究理论基础，厘清了本书研究的主要问题与研究贡献。具体来说，该部分主要明晰了本书立足于产业政策理论、企业异质性理论与制度变迁理论等，探究制度环境驱动资源型企业绿色创新的微观机理、效果差异与影响机制。立足于"波特假说"、技术创新理论、环境政策理论和资源依赖理论等，研究探讨了技术环境驱动资源型企业绿色创新的直接效应与作用机制，并进一步明晰了本书为化解过剩产能、保护生态环境、深化供给侧结构性改革与驱动高质量发展所提出的政策启示。最后，本书在国内外研究现状及发展动态分析部分紧紧围绕制度环境与资源型企业绿色创新、技术环境与资源型企业绿色创新两大部分进行了综述，明确已有研究现状、不足之处以及发展动态，进一步指出本书研究的理论重要性与现实意义。在此基础上，指出本书的主要研究内容。

（2）概念界定与理论基础。本部分以第 2 章为主体，首先，对本书基本概念进行清晰界定，包括资源型企业、绿色技术创新、制度环境、技术环境。其中，资源型企业是指以能源、矿产资源的采选和初加工为基本生产方式的企业群体，具有显著的资源依赖性和地理根植性特征；绿色技术创新是指以保护环境和实现绿色可持续发展的创新，包括绿色工艺创新、绿色产品创新等；制度环境由一系列的政治、社会和法律基础规则构成，并形成生产、交换与分配的基础，能够被公民广泛接受与认可；技术环境是影响组织应用新技术的背景因素，包括宏观市场结构、外部政府的管制政策等方面。对基本概念进行界定有助于更好地理解制度环境和技术环境影响资源型企业绿色创新的逻辑起点与作用机制途径。其次，对相关基础理论的内涵与发展进行详细论述，并在此基础上论述相关基础理论在本书中的应用形式。相关基础理论包括"波特假说"、技术创新理论、产业政策理论、环境政策理论、制度变迁理论、企业异质性理论。其中，"波特假说"强调适宜的环境规制能够激发资源型企业绿色创新，从而增强竞争力；技术创新理论则关注新技术的引入促进资源型企业效率的提升；产业政策理论、环境政策理论和制度变迁理论强调政府对资源型企业绿色创新的引导作用；企业异质性理论为资源型企业与其他企业的差异化发展路径提供了理论支撑。相关基础理论为深入理解资源型企业绿色创新的影响因素与作用机制提供了基础理论逻辑。

（3）制度环境、技术环境与资源型企业绿色创新。该部分由第 3 章至第 7 章组成，以制度环境作为逻辑起点，以技术环境为创新支撑深入探讨其对资源型企业绿色创新的重要作用和作用机制，并进一步展开实证检验，为政府部门与资源型企业更好地实施绿色创新战略提出政策建议，具体来说：

第 3 章探讨了董事会治理视角下，制度环境对资源型企业绿色技术创新的影响效应与作用机制。绿色技术创新是资源型企业实现高质量发展的必然选择，但资源型企业存在绿色技术创新的内部动力不足的问题，亟需通过设计适宜的制度环境形成对资源型企业绿色技术创新的外部激励机制，并将其制度化为具备促进资源型企业绿色创新作用的制度环境，以发挥对资源型企业绿色创新的长期稳定的积极作用（李立生，2001；周海炜和齐增睿，2024）。同时，该部分进一步考虑了企业的内部动力机制，如董事会是公司决策的重要主体，也是企业资源配置的重要决策者，对资源型企业绿色创新具有重要的推动作用（嵇尚洲和田思婷，2019）。该部分首先依据中国证监会《上市公司行业分类指引》，将资源型企业确定为开采洗选业与初级加工业两类，其次以 2018~2022 年 51 家中国沪深 A 股资源型上市公司作为样本，并通过 Python 爬虫技术爬取上市公司年报和社会责任报告，利用《中国分省份市场化指数报告》、CCER 数据库、CSMAR 数据库收集相关财务数据，并基于政府治理理论与技术创新理论，实证检验了外部综合制度环境及其三个维度与董事会治理对资源型企业绿色技术创新的直接影响与间接影响。概念模型如图 1-2 所示。

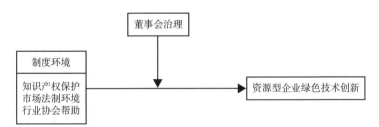

图1-2　制度环境、董事会治理、资源型企业绿色技术创新概念模型

第 4 章探讨了政企关系视角下，环境治理对资源型企业绿色技术创新的影响效应与作用机制。环境治理政策作为制度环境的重要组成部分，对资源型企业绿色技术创新具有更强的指向性作用，能够通过强化政策工具的落地力度确保环境保护目标的实现。建立良好的政企关系是探究环境治理政策促进资源型企业绿色技术创新所需考虑的另一个关键因素。基于此，该部分依据环境治理理论、资源依赖理论与技术创新理论，以 2015~2022 年火力发电行业的 34 所沪深上市公司为研究对象，利用 Python 爬取上市公司社会责任报告、可持续发展报告、年度报告和《中国环境统计年鉴》、《中国统计年鉴》、CSMAR 数据库、CCER 数据库等以获取研究数据，实证检验了政企关系（包括中央级政企关系和地方级政企关系两个维度）与环境治理对资源型企业绿色技术创新的直接影响和交互作用。概念模型如图 1-3 所示。

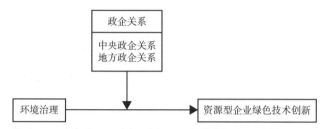

图1-3 环境治理、政企关系、资源型企业绿色技术创新概念模型

第 5 章探讨了在前沿技术快速迭代的环境背景下，开放式创新对资源型企业技术创新能力的影响效应和作用机制。开放式创新可打破资源型企业"单打独斗"的创新模式，解决创新困境，为资源型企业实现绿色技术创新提供机遇和必备资源。依据中国科学技术发展战略研究院发布的报告，外部技术环境主要由基础设施、市场环境、劳动者素质、金融环境和创业水平五个要素构成。据此，本书以资源基础理论和技术创新理论为基础，依据 2017 年《国民经济行业分类》中的分类方法，将资源型企业确定为开采洗选业和初级加工业两类，选取 2017~2022 年的沪深 A 股资源型上市公司为研究对象，利用 Python 从企业年报、国泰安数据库、佰腾专利检索系统、历年"中国区域科技创新评价报告"等爬取相关数据，并实证检验了技术环境、开放式创新与资源型企业技术创新能力之间的关系。概念模型如图 1-4 所示。

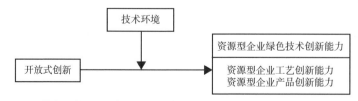

图1-4 技术环境、开放式创新、资源型企业绿色技术创新能力概念模型

第 6 章基于开放式创新视角，探究"互联网 +"环境对资源型企业转型升级的影响效应和作用机制。资源型企业高度的资源依赖性、技术水平低以及创新能力弱等，决定了其难以依靠自身资源实现绿色转型升级。随着新一代信息技术的快速发展，资源型企业能够通过大数据、云计算等手段实现对资源的实时监控和动态调整，提高资源利用率和管理效率。同时，随着传统技术环境的不断改善，企业获取外部创新要素以提升内外部资源整合效率的成本不断降低，有益于提高资源型企业创新能力与水平，以此推动资源型企业的转型升级（Won 和 Park，2020；Kafouros，2006）。另外，"互联网 +"环境可以助力资源型企业节约外部信息搜寻成本并降低信息不对称程度，进而产生信息效应以降低企业获取外部资源的成本和提高合作创新效率（夏恩君等，2013；王金杰等，2018）。因此，本书依据环境适应理论与技术创新理论，根据《国民经济行业分类》将资源型企业确定为开采洗选型和初级加工型行业，选取 2018~2022 年沪深A 股资源型上市企业作为研究对象，通过中国互联网络信息中心发布的统计年鉴与报告、企业年报、国泰安数据库、CCER 数据库等获取相关研究数据，实证"互联网 +"环境、开放式创新对资源型企业转型升级的影响效应和作用机制，并展开地区异质性、行业异质性分析。综上所述，概念模型如图 1-5 所示。

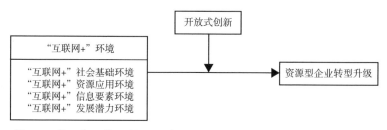

图1-5 "互联网+"环境、开放式创新、资源型企业转型升级概念模型

第 7 章基于高管海外背景视角，探究"互联网 +"环境对资源型企业战略差异度的影响效应和作用机制。"以污染换绩效的战略"是资源型企业获取经济绩效的主要战略方式，然而，在美丽中国建设全面推进的大背景下，资源型企业亟需通过制定差异化竞争战略以形成支撑自身绿色转型升级的重要基础，通过寻求生产、研发、营销和融资等关键环节的突破口，向多元化、清洁化、智能化、高效化发展转型以实现可持续发展。伴随着"互联网+"时代的到来，大量传统行业依靠大数据、云计算、物联网等技术推进自身转型升级（杨德明和刘泳文，2018）。高管作为战略决策的制定者是影响资源型企业战略定位的重要因素，大量有海外教育与工作背景的高水平人才回国，以其过硬的专业知识和丰富的管理经验融入到企业高管团队中，成为影响战略决策的重要群体。"互联网+"环境和高管海外背景双重因素会对资源型企业战略制定产生重要影响。因此，本书基于企业成长理论、战略管理理论、资源依赖理论、高层梯队理论和烙印理论，依据中国证监会《上市公司行业分类指引（2012年修订）》将资源型企业划分为开采洗选业和初级加工业两类，选取2018~2022年沪深A股资源型上市公司为研究对象，利用Python爬取《中国互联网络发展状况统计报告》《中国统计年鉴》、各省市历年统计年鉴、国泰安数据库、上市公司年报等获取所需研究数据，实证检验了"互联网+"环境三维度指标、高管海外背景对资源型企业战略差异度的影响效应和作用机制。综上所述，概念模型如图1-6所示。

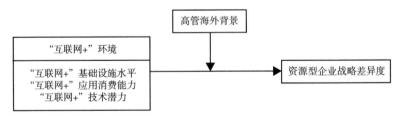

图1-6 "互联网+"环境、高管海外背景、资源型企业战略差异度概念模型

（4）研究总结与展望。第8章首先总结了本书理论发现与实证结果，并进一步探讨了制度环境、技术环境对资源型企业绿色创新的影响效应与作用机制，为资源型企业绿色创新提供了理论支撑。其次从作用机制多样性、研究样本适宜性、指标构造系统性和研究方法前沿性四个方面指明研

究不足并提出未来展望，以期为未来相关研究提供方向指引和研究基础。

参考文献

［1］陈成文，黄开腾.制度环境与社会组织发展：国外经验及其政策借鉴意义［J］.探索，2018，199（1）：144-152.

［2］陈宏民，郝凤霞，陶纪明，等.加快实现产业体系升级发展　塑造发展新动能新优势［J］.上海经济，2023（2）：1-19.

［3］陈剑，黄朔，刘运辉.从赋能到使能——数字化环境下的企业运营管理［J］.管理世界，2020，36（2）：117-128.

［4］陈宇峰，马延柏.绿色投资会改善企业的环境绩效吗——来自中国能源上市公司的经验证据［J］.经济理论与经济管理，2021，41（5）：68-84.

［5］陈雨柯.财政分权下"强波特假说"的再验证——企业环保创新和非环保创新的视角［J］.商业研究，2018（1）：143-152.

［6］陈钰芬.开放式创新：提升中国企业自主创新能力［J］.科学学与科学技术管理，2009，30（4）：81-86.

［7］陈志刚，弓怡菲.绿色金融对企业绩效的影响及机制分析［J］.经济与管理评论，2022，38（5）：72-85.

［8］成琼文，陆思宇.数字化技术应用、经济不确定性与绿色创新［J］.软科学，2023，37（5）：1-7.

［9］代应，彭唯，宋寒，等.政府环境规制、企业绿色行为与组织绩效关系研究［J］.重庆理工大学学报（社会科学版），2021，35（12）：72-82.

［10］范宝学，王文姣.煤炭企业环保投入、绿色技术创新对财务绩效的协同影响［J］.重庆社会科学，2019（6）：70-82.

［11］谷丰，姜美同.政府补贴与绿色技术创新——基于重污染行业数据［J］.会计之友，2022（18）：73-80.

［12］郭俐君，刘琦.绿色科技视角下企业环境绩效指标体系构建［J］.商业观察，2022（22）：38-41.

［13］胡江峰，黄庆华，潘欣欣.环境规制、政府补贴与创新质量——基于中国碳排放交易试点的准自然实验［J］.科学学与科学技术管理，2020，41（2）：50-65.

［14］黄新平，黄萃，苏竣.基于政策工具的我国科技金融发展政策文本量化研究

[J].情报杂志，2020，39（1）：130-137.

[15]嵇尚洲，田思婷.政治关联、董事会治理对企业业绩影响的实证检验［J］.统计与决策，2019（6）：178-181.

[16]纪成君，薄洋.环境绩效、绿色技术创新与企业价值——基于重污染行业上市公司［J］.科技促进发展，2021，17（3）：446-453.

[17]江雅雯，黄燕，徐雯.政治联系、制度因素与企业的创新活动［J］.南方经济，2011（11）：3-15.

[18]姜耀辉，刘春湘.社会组织制度环境：经验测量及其政策意义［J］.湖南师范大学社会科学学报，2020，49（3）：100-110.

[19]金宇，王培林，富钰媛.选择性产业政策提升了我国专利质量吗？——基于微观企业的实验研究［J］.产业经济研究，2019，103（6）：39-49.

[20]荆文君，孙宝文.数字经济促进经济高质量发展：一个理论分析框架［J］.经济学家，2019（2）：66-73.

[21]兰斯·E.戴维斯，道格拉斯·C.诺思.制度变迁与美国经济增长［M］.张志华，译.上海：格致出版社，2019.

[22]李凯杰，董丹丹，韩亚峰.绿色创新的环境绩效研究——基于空间溢出和回弹效应的检验［J］.中国软科学，2020（7）：112-121.

[23]李立生.论制度安排与技术创新［J］.科学学与科学技术管理，2001（8）：55-57.

[24]李青原，肖泽华.异质性环境规制工具与企业绿色创新激励——来自上市企业绿色专利的证据［J］.经济研究，2020（9）：192-208.

[25]李文欣.环境保护税对重污染企业环境绩效的影响研究［D］.济南：山东财经大学，2024.

[26]李晓萍，张亿军，江飞涛.绿色产业政策：理论演进与中国实践［J］.财经研究，2019，45（8）：4-27.

[27]李娅，官令今.规模、效率还是创新：产业政策工具对战略性新兴产业作用效果的研究［J］.经济评论，2022（4）：39-58.

[28]李苑艳，陈凯，顾荣.基于政策工具和技术创新过程的生物质能源产业创新政策评价［J］.科技管理研究，2018（6）：34-39.

[29]林枫，徐悦，张雄林.环境政策工具对生态创新的影响：研究回顾及实践意

义［J］.科技进步与对策，2018，35（14）：153-160.

［30］刘海英，郭文琪.环境税与研发补贴政策组合的绿色技术创新诱导效应［J］.科技管理研究，2021，41（1）：194-202.

［31］刘丽娜，闫照坤.数字经济对企业创新的影响——基于冗余资源视角［J］.武汉金融，2021（8）：71-79.

［32］刘亭立，傅秋园.绿色能源产业创新政策的量化评价与优化路径探究［J］.中国科技论坛，2018（10）：82-91.

［33］刘小花，高山行.复杂制度环境中制度要素对企业突破式创新的影响机制［J］.科学学与科学技术管理，2020，41（11）：117-131.

［34］刘秀玲，谢富纪，贾友，王海花.政策工具视角下的创新发展政策体系研究——以北京市为例［J］.软科学，2018，32（8）：9-14.

［35］刘座铭.环境政策工具对重污染企业绿色技术创新影响研究［D］.长春：吉林大学，2024.

［36］罗恩益.财税激励、绿色技术创新与企业环境绩效［J］.财会通讯，2020（20）：46-49.

［37］罗贤春，庞进京.开放式创新环境中政务信息资源价值流转再生机制［J］.图书情报工作，2017，61（11）：37-44.

［38］马鸽，张韬.低碳政策试点、绿色技术创新与企业环境绩效［J］.统计与决策，2024，40（5）：177-182.

［39］潘爱玲，刘昕，邱金龙，等.媒体压力下的绿色并购能否促使重污染企业实现实质性转型［J］.中国工业经济，2019（2）：174-192.

［40］潘翻番，徐建华，薛澜.自愿型环境规制：研究进展及未来展望［J］.中国人口·资源与环境，2020，30（1）：74-82.

［41］齐绍洲，林屾，崔静波.环境权益交易市场能否诱发绿色创新？——基于我国上市公司绿色专利数据的证据［J］.经济研究，2018（12）：129-143.

［42］邱士雷，王子龙，刘帅，等.非期望产出约束下环境规制对环境绩效的异质性效应研究［J］.中国人口·资源与环境，2018，28（12）：40-51.

［43］冉玉嘉.资源型企业绿色创新影响因素与企业绩效关系研究［D］.成都：西南石油大学，2019.

［44］任跃文.政府补贴有利于企业创新效率提升吗——基于门槛模型的实证检验

［J］.科技进步与对策，2019，36（24）：18-26.

［45］石大千，胡可，陈佳.城市文明是否推动了企业高质量发展？——基于环境规制与交易成本视角［J］.产业经济研究，2019，103（6）：27-38.

［46］孙全胜.数字经济赋能企业绿色技术创新的三重路径研究［J］.中州学刊，2023（11）：26-32.

［47］王班班，赵程.中国的绿色技术创新——专利统计和影响因素［J］.工业技术经济，2019，38（7）：53-66.

［48］王锋正，姜涛，郭晓川.政府质量、环境规制与企业绿色技术创新［J］.科学管理，2018，39（1）：26-33.

［49］王锋正.开放式创新驱动西部资源型产业升级的机制与路径——基于全球价值链视角［D］.呼和浩特：内蒙古大学，2020.

［50］王锋正，刘向龙，张蕾，等.数字化促进了资源型企业绿色技术创新吗？［J］.科学学研究，2022，40（2）：332-344.

［51］王锋正，邱鹏云，刘曦萌.环保法影响资源型企业绿色创新效应研究——基于外部知识搜寻的视角［J］.科学决策，2024（9）：114-136.

［52］王锋正，孙玥，赵宇霞.全球价值链嵌入、开放式创新与资源型产业升级［J］.科学学研究，2020，38（9）：1706-1718.

［53］王桂军，张辉.促进企业创新的产业政策选择：政策工具组合视角［J］.经济学动态，2020（10）：12-27.

［54］王怀明，王辉.公众参与、环境规制政策与企业技术创新［J］.生态经济，2018，34（7）：88-93.

［55］王金杰，郭树龙，张龙鹏.互联网对企业创新绩效的影响及其机制研究——基于开放式创新的解释［J］.南开经济研究，2018（6）：170-190.

［56］王康.环境规制、碳金融与资源型企业低碳发展［J］.企业经济，2023，42（6）：133-142.

［57］王可，李连燕.“互联网＋”对中国制造业发展影响的实证研究［J］.数量经济技术经济研究，2018，8（6）：3-20.

［58］王珍愚，曹瑜，林善浪.环境规制对企业绿色技术创新的影响特征与异质性——基于中国上市公司绿色专利数据［J］.科学学研究，2020（9）：1-22.

［59］吴力波，任飞州，徐少丹.环境规制执行对企业绿色创新的影响［J］.中国人

口·资源与环境，2021，31（1）：90-99.

［60］武威，刘玉廷.政府采购与企业创新：保护效应和溢出效应［J］.财经研究，2020，46（5）：17-36.

［61］解学梅，朱琪玮.企业绿色创新实践如何破解"和谐共生"难题？［J］.管理世界，2021，37（1）：128-149+9.

［62］夏恩君，张明，贾淑楠，等.开放式创新社区网络创新绩效的影响因素——基于互联网平台的实证研究［J］.技术经济，2013，32（10）：1-7.

［63］肖添丰.市场激励型环境规制、绿色技术创新和企业环境绩效的关系研究［D］.北京：北京化工大学，2022.

［64］谢小勇.知识产权是催生新质生产力发展的内在要求和重要着力点［J］.知识产权，2024（5）：29-43.

［65］熊焰，杨博旭.双重网络嵌入、制度环境与区域创新能力［J］.科研管理，2022，43（6）：32-42.

［66］徐维祥，周建平，周梦瑶，等.数字经济空间联系演化与赋能城镇化高质量发展［J］.经济问题探索，2021（10）：141-151.

［67］许照成，侯经川.创新投入、竞争战略与企业绩效水平——基于中国制造业上市公司的实证分析［J］.现代财经（天津财经大学学报），2019，39（9）：56-68.

［68］薛成，孟庆玺，何贤杰.网络基础设施建设与企业技术知识扩散——来自"宽带中国"战略的准自然实验［J］.财经研究，2020，46（4）：48-62.

［69］薛军，汪戎.中国资源型产业结构调整与升级研究述评［J］.学术探索，2013，168（11）：37-45.

［70］杨朝均，呼若青，冯志军.环境规制政策、环境执法与工业绿色创新能力提升［J］.软科学，2018，32（1）：11-15.

［71］杨丹，周萍萍，周祎庆.绿色创新、环境规制影响产业高质量发展机制研究——基于调节效应和门槛效应的分析［J］.经济问题探索，2020（11）：121-131.

［72］杨德明，刘泳文."互联网＋"为什么加出了业绩［J］.中国工业经济，2018（5）：80-98.

［73］杨凯瑞，何忍星，史可，等.中国政府支持创新创业发展的政策工具选择：政策文本分析［J］.创新科技，2022，22（8）：27-40.

［74］杨薇，栾维新.政策工具——产业链视角的中国海洋可再生能源产业政策研

究［J］.科技管理研究，2018（10）：36-43.

［75］杨燕.工业企业绿色技术路径选择与地方政府行为关系研究——基于省级面板数据的实证分析［J］.企业经济，2021，40（11）：33-44.

［76］余伟，郭小艺.管理者短视对企业绿色创新的影响研究——市场关注的调节作用［J］.软科学，2024，38（4）：76-82.

［77］袁胜军，俞立平，钟昌标，陈钰芬.创新政策促进了创新数量还是创新质量？［J］.中国软科学，2020（3）：32-45.

［78］张晨，吕永辰.绿色投入能提高企业环境与财务绩效吗？——来自我国重污染上市公司的经验证据［J］.生态经济，2023，39（7）：178-186.

［79］张冬洋.环境政策如何影响中国企业升级？——来自"两控区"政策的准自然实验［J］.产业经济研究，2020，108（5）：73-85.

［80］张杰，郑文平.创新追赶战略抑制了中国专利质量么？［J］.经济研究，2018（5）：28-41.

［81］张丽华，侯胜，王一然.金融发展、高等教育与资源型区域科技创新能力［J］.经济问题，2019，10（14）：95-102.

［82］张娆，路继业，姬东骅.产业政策能否促进企业风险承担？［J］.会计研究，2019（7）：3-11.

［83］张婷婷，张新民，陈德球.产业政策、人才密度与企业创新效率——基于地区产业政策的视角［J］.中山大学学报（社会科学版），2019，59（4）：173-183.

［84］赵蕊.煤炭企业环境治理绩效评价研究［D］.北京：中国矿业大学，2019.

［85］赵涛，张智，梁上坤.数字经济、创业活跃度与高质量发展——来自中国城市的经验证据［J］.管理世界，2020，36（10）：65-76.

［86］郑洁，刘舫，赵秋运，付才辉.环境规制与高质量创新发展：新结构波特假说的理论探讨［J］.经济问题探索，2020（12）：171-177.

［87］钟美婷.绿色技术创新对重污染企业绩效的影响研究［D］.南昌：江西农业大学，2024.

［88］周海炜，齐增睿.《资源税法》实施对资源型企业绿色技术创新的影响［J］.工业技术经济，2024，43（8）：58-67.

［89］周青，王燕灵，杨伟.数字化水平对创新绩效影响的实证研究——基于浙江省73个县（区、市）的面板数据［J］.科研管理，2020，41（7）：120-129.

［90］朱迎新 . 数字经济投入对流通企业创新绩效的影响［J］. 商业经济研究，2023（21）：168-171.

［91］Chen S., Fu F., Xiang T., et al. Do government subsidies crowd out technological capabilities? Effects on Chinese high-tech firms' invention outcomes［J］. Chinese Management Studies, 2020, 14（4）：895-913.

［92］Chen Y. Improving market performance in the digital economy［J］. China Economic Review, 2020（62）：101482.

［93］Cheng Z., Li L., Liu J. The effect of information technology on environmental pollution in China［J］. Environmental Science and Pollution Research, 2019, 26（32）：33109-33124.

［94］El-Kassar A. N., Singh S. K. Green innovation and organizational performance: The influence of big data and the moderating role of management commitment and HR practices［J］. Technological Forecasting and Social Change, 2019（144）：483-498.

［95］Ge Y., Xia Y., Wang T. Digital economy, data resources and enterprise green technology innovation: Evidence from A-listed Chinese firms［J］. Resources Policy, 2024（92）：105035.

［96］Kafouros M. I. The impact of the Internet on R&D efficiency: Theory and evidence［J］. Technovation, 2006, 26（7）：827-835.

［97］Khan P. A., Johl S. K., Akhtar S. Firm sustainable development goals and firm financial performance through the lens of green innovation practices and reporting: A proactive approach［J］. Journal of Risk and Financial Management, 2021, 14（12）：605.

［98］Won J. Y., Park M. J. Smart factory adoption in small and medium-sized enterprises: Empirical evidence of manufacturing industry in Korea［J］.Technological Forecasting and Social Change, 2020, 52（157）：120117.

［99］Wu Z., Fan X., Zhu B., et al. Do government subsidies improve innovation investment for new energy firms: A quasi-natural experiment of China's listed companies［J］. Technological Forecasting and Social Change, 2022（175）：121-418.

［100］Yang M., Xu J., Yang F., et al. Environmental regulation induces technological change and green transformation in Chinese cities［J］.Regional Environmental Change,

2021, 21（2）: 41.

　　[101]Zhang D., Zheng M., Feng G. F., et al. Does an environmental policy bring to green innovation in renewable energy? [J].Renewable Energy, 2022（195）: 1113-1124.

　　[102]Zhang L. H., Hou S., Wang Y. R. Financial development, higher education and scientific and technological innovation ability of resource-based regions [J].On Economic Problems, 2019, 10（14）: 95-102.

　　[103]Zhou Q., Wang Y. L., Yang W. An empirical study on the impact of digital level on innovation performance: Based on the panel data of 73 counties（districts and cities）in Zhejiang Province [J].Science Research Management, 2020, 41（7）: 120-129.

第 2 章
概念界定与理论基础

2.1　基本概念界定

2.1.1　资源型企业

资源型企业是在中国资源型经济转型政策推动下形成的一个中国语境概念，不同学者对资源型企业给出了不同的定义。从企业特征属性出发，阎俊爱等（2020）认为，资源型企业是以自然资源开发为主，依靠资源优势实现企业经济增长，包括以石油、煤炭、金属等地下资源为主的资源垄断型企业。在此基础上，王锋正等（2020）认为，资源型企业还包括以动植物资源为加工对象的企业，并将其细分成十二类地下矿产行业及五类动植物行业。从生产过程出发，胡海晨（2018）认为，资源型企业是对矿产自然资源进行开发或加工，生产更高附加价值产品进行销售以获取利润的企业。在更广泛的层面上，王琳等（2024）认为，资源型企业是对所有能源、矿产等自然资源进行开采、加工和利用的企业。从资源使用强度的角度出发，张凌（2001）将自然资源使用强度在 30%~40% 的企业定义为资源型企业。因此，广义上的资源型企业包括以能源、矿产、生物等自然资源开发和利用为主的企业；狭义上的资源型企业只包括与矿产资源有关的加工和利用的企业。

基于上述研究，本书定义资源型企业是一类以能源、矿产资源的采选和初加工为基本生产方式的企业群体，具有显著的资源依赖性和地理根植性特征。根据其在产业价值链所处位置的不同，可以划分为资源采选型企业和资源加工型企业两类。在此基础上，本书进一步聚焦于具有典型环境治理色彩的中国火力发电企业展开详细、全面和科学的探讨。火力发电企业是指以煤、石油和天然气等为主要能源来源，通过燃烧这些能源产生热能进而转化为电能的企业，具有对煤炭资源依赖性高、技术密集型和资金密集型等特点。我国经济结构的转型升级对火力发电企业在环境保护和节能减排、社会责任、技术创新等方面提出了更高要求。资源型企业要坚持环境保护的思想，在追求经济目标的同时兼顾社会效益，进行绿色技术创新，走可持续发展之路，在实现环境治理目标的同时提高资源利用率和发电效率。

2.1.2　绿色技术创新

绿色技术创新包括绿色工艺创新、绿色产品创新，二者互为支撑。Braun 和 Wield 于 1994 年首次提出绿色技术创新的概念，认为其能够显著降低对环境的影响，是降低污染、节能减排、改善生态的环境技术创新体系。绿色技术创新是企业在遵守生态保护原则的基础上，在生产经营过程中所进行的一系列技术创新活动，是实现环境保护与经济发展双重目标的必经之路（梁运吉和刘冰冰，2022），是遵循生态经济规律，以资源节约和环境保护为目的的技术创新活动，涉及产品设计、生产和流通的多个领域（Cai 等，2020）。梁运吉和刘冰冰（2022）认为，绿色技术创新是企业对所获得的新知识进行整合，从而实现工艺创新，生产绿色产品，最终实现经济发展和环境保护的双重目标。金昕等（2022）则认为，绿色技术创新不单是企业内部的环境技术创新，而是包括政府、市场等多个主体共同参与的管理活动，是一种促进人、自然、社会协调发展的系统化和网络化过程的生态系统技术创新。杨发庭（2014）对绿色技术创新制度进行研究，认为需要从"绿色＋技术创新"和"绿色技术＋创新"两个方面进行分析，前者强调运用技术创新促进环境保护，实现无污染、低耗能、可循环、清洁化；后者则是指为促进人与自然和谐共生而开展的各种有价值的绿色创新活动。因此，绿色技术创新通过技术进步来提高资源使用效率，促进可持续发展，从而带来环境质量的改善。

绿色工艺创新是指对现有流程进行升级改造或引进新的生产技术以减少对环境的污染，又可细分为清洁生产技术创新和末端治理技术创新（丁红燕和于膨菲，2023）。清洁生产技术创新是指在生产过程中，通过引入新技术、新材料或新方法，以减少或消除对环境的污染和资源的浪费，从而提升整体环保水平和资源利用效率的技术创新活动。末端治理技术创新是指在废物和污染物产生之后，采取有效的技术手段对其进行处理和治理，以减少对环境的污染和对人体健康的危害。这一类技术创新既可以减少污染、降低能耗，又可以提升产品品质。绿色产品创新即在产品中融入绿色发展理念，减少对稀缺和昂贵生产材料的使用，且生产出的产品更加环保。创新企业在研发绿色产品之初就以少污染甚至无污染为目标，在产品全生命周期减少对环境的不利影响，这是企业实现绿色发展转型的微观基础（李勃等，2021）。

2.1.3 制度环境

制度环境这一概念由新制度经济学家戴维斯和诺思提出，指出制度环境是一系列的政治、社会和法律基础规则，用来建立生产、交换与分配的基础（兰斯·E.戴维斯和道格拉斯·C.诺思，2019）。有学者将制度环境看作专门的法规和文件，包括法律规章、经济规则、合约等，可以细分为金融中介发展水平、法律产权保护完善程度、政府服务水平等维度，起着约束和引导企业行为的作用（李晓翔和李春于，2022）。也有学者认为，制度环境是一系列的规则或者规范，这些规则对治理范围中个体和经济主体的行为进行规范，以保证正常的生产、交换和分配活动（冯宇坤和龙素英，2023）。从静态制度和动态执行的角度出发，制度环境是一个包含正式和非正式制度以及实施机制的复杂系统（姜耀辉和刘春湘，2020）。正式制度一般具有强制性，是公民必须要遵守的行为准则，是通过法律、规章、政策或正式程序所建立的规范；非正式制度则不具有强制性，主要指公民的传统观念、习俗和道德伦理等，这些规范是公民在长期的社会互动中所逐渐形成的，并且被公民所接受。正式制度和非正式制度相辅相成，共同发挥作用。

良好的制度环境表现为市场的公平竞争、要素的自由流动、健全的法律法规体系和良好的执法水平等（熊焰和杨博旭，2022）。通过对个体的行为进行制约以提高经济活动的可预测性，从而避免不确定性和机会主义行为，通过正当、合法的方式获得资源，促进企业的数字创新（郭南芸和黄典，2021）。一方面，通过作用于要素配置效率来影响企业的经营发展，制度环境越完善越有利于提高企业的资产配置率，减少企业的资源损耗，降低企业绿色创新成本（吕迪伟等，2019）。另一方面，良好的制度环境意味着市场环境更加透明开放、对外开放程度不断提高、政府治理更加有效（张翀和焦伟伟，2022），为企业绿色创新营造更加积极的环境氛围，提高企业竞争力。综上所述，学界从不同角度对制度环境的内涵作出了解释，本书基于对相关讨论的梳理，将制度环境看作是在一定社会范围内与组织产生交互的政策工具的制定和执行。

2.1.4 技术环境

技术在人类生活中扮演着重要角色，影响着工作、企业生产和经营的各方面。在企业生产中，技术的应用在一定程度上带来了企业效率、产品质量的提高和可持续发展。技术环境的泛在化标志着人类嵌入到由自身设定的一整套技术环境体系之中，涉及经济、制度、科技的诸多方面。从影响力来源来看，主要包括技术市场、政府和企业，其中，技术市场是创新资源部配置和创新成果价值实现的重要渠道，是企业进行创新的动力；政府通过法律保障原创者的知识成果；企业间交流与合作为其利用外部创新资源提供了便利，促进技术合作，实现"技术最优"和"成本最小"。技术环境直接影响企业的收益和成本，从而影响企业的管理决策，因此，可以分为技术市场、知识产权保护和技术服务三方面（王爱民，2022）。技术环境具有动态性特征，主要表现在技术创新的速度和其所引起的市场动荡幅度这两方面。技术所处的社会环境如果发生大范围的波动，产品优化升级速度提升，顾客和市场的需求经常变化，这展现了技术所处环境的高动态变化；技术所处环境如果变化迟缓，产品的改善程度不够明显，顾客和市场的需求基本不变，这展现的是技术所处环境的低动态状况。从广义上来说，技术环境是一定时空范围内影响技术发展的各种外部因素的综合体；从狭义上来说，技术环境是指支持一个具体技术产品或服务运行所需要的特定条件，如计算机、网络、通信等硬件设备及软件工具（张振旺等，2023）。

因此，技术环境是企业为了生存和发展而提升自身能力需求的环境以及基于自身资源禀赋的技术认知和情景的统称。本书重点关注"互联网 +"技术环境，认为"互联网 +"是互联网对传统行业的渗透和改变。随着互联网技术的不断发展，互联网与传统行业融合不断加深，在交通、教育、医疗卫生等方面发挥着重要作用，"互联网 +"对推动相关行业、领域发展，促进经济社会进步具有重要意义（陈欣欣，2022）。李若昕等（2018）认为，企业围绕"互联网 +"建立信息管理平台、建立与战略相匹配的制度流程、创建合适的内部控制环境，促进企业变革。进一步地，林峰等（2022）认为，"互联网 +"与人工智能的结合将会建立统一的生态体系，研发者、生产者和消费者能够借助这一体系进行跨时空合作，促进企业技术创新发展。故"互联网 +"中的"+"不是简单地将技术应用于传统行业，而是一个综合的概念，是一种观念的创新发展，通过互联网与各个行业的紧密结合，对企业生产要素进行重构，促进经济社会的融合发展。因此，本书认为，"互联网 +"是指基于当今互联网技术的飞速发展和网络基础设施的不断完善而构建起来的技术环境。

2.2 相关基础理论

2.2.1 "波特假说"

传统经济学家认为，环境保护与经济的增长两者是相互抵消的关系。Poter 于 1991 年首次对该观点指出质疑，并提出"波特假说"，认为环境规制能够倒逼企业进行技术创新，增加企业竞争优势，以此促进企业绩效的提升（王锋正等，2018）。"波特假说"能够成立的前提是技术创新能够通过增强企业竞争能力以实现经济绩效和环境绩效的双重改进。基于"波特假说"，学界基本形成了一个政策共识，即环境规制对企业创新起着重要性的作用。罗进辉和巫奕龙（2023）指出，企业绿色创新的根本驱动力来自于环境规制，无论是正式还是非正式的环境规制，均通过给企业提供压力与资助，以此驱动企业进行绿色创新。近几年，随着大气污染、气候变化、极端降水等环境问题的凸显，越来越多的学者开始认识到"波特假说"对绿色创新的关键性作用。"波特假说"认为，组织能够在灵活的环境规制下进行技术创新，环境政策不仅能够治理环境问题，还能够提升企业创新能力，产生经济效益，促进经济社会的发展（蒙大斌和于莹莹，2022）。从正式和非正式环境规制耦合协调度出发，李国柱和张婷玉（2022）发现，环境规制耦合协调度能够显著促进企业绿色创新，即政府通过环境规制对环境污染问题进行规范和引导以及居民环保意识的增强均能激发企业绿色创新。韩先锋和宋文飞（2022）探讨不同类型的环境规制给企业绿色创新带来的影响，发现高强度的命令型环境规制与资源型环境规制以及合适的经济型环境规制能逆向驱动企业绿色创新溢出。袁祎开等（2024）基于利益相关者理论和制度环境相关理论，深入探究环保补助对企业绿色创新的影响，指出环保补助经过直接资助的方式来保障企业绿色创新活动，并通过升级绿色设备、健全绿色人才等缓解企业绿色创新面临的资源困境。

"波特假说"可以被分为"弱波特假说"和"强波特假说"。"弱波特假说"强调环境规制可以提高企业创新能力,重污染行业公司在面对环境规制政策时必须意识到要采取一系列方式改进企业生产流程、消除落后产能,以提高自身创新水平(Liao,2018)。在此基础上,"强波特假说"认为,惩罚程度更高的环境规制也能够提高企业的创新水平,产生"创新补偿效应",提升环境绩效和企业竞争力(吴传清和高坤,2022)。但是也有学者认为,环境规制会加重企业负担,抑制企业的技术创新(Bel 和 Joseph,2018)。综上所述,在"波特假说"的指引下,对于企业绿色创新的研究,环境规制是不可忽视的影响因素,但也有研究对"波特假说"提出质疑。在什么情境下"波特假说"才能充分发挥效能依然是值得研究的问题。

2.2.2　技术创新理论

技术创新理论是由熊彼特在《经济发展理论》一书中提出的,熊彼特将创新概括为以下五点:第一,新产品的制造;第二,新生产方法的使用;第三,新市场的开辟;第四,市场上新供应商、原材料或半成品的供应来源;第五,新的组织形式的出现。因此,创新不仅意味着技术或工艺的发明,还表明一种新运行机制的出现,以提高效率、降低成本,使企业保持核心竞争力。随之,技术创新理论被分为两个部分,一是融入到新古典经济学理论框架中,该学派肯定了技术在经济发展中的关键作用,在市场经济条件下,当技术创新供需出现失衡时,政府可以通过宏观调控以促进经济发展(赵卢雷,2020)。杜斌和张治河(2015)基于新古典主义对技术创新作了详细的解释,打破边际效用定律与技术创新理论边界,明确两个"源"与"果"的关系,边际效应递减则充分反映了技术创新的必要性与可行性。二是研究技术创新的扩散和技术创新发展的"轨道"及"范式"。技术创新分为企业内、企业间和国际扩散三种,同一国家同一产业中的不同企业对采用新技术的反应不同,同一创新成果在不同国家的扩散程度不同，甚至在同一国家不同地区也不同（Nordhaus W. D.，1969）。技术创新扩散能够有效打破技术壁垒，发挥知识溢出作用，推动技术创新的应用和普及，帮助企业低成本实现转型升级，促进经济社会的发展（康玉梅和王嘉诚，2024）。依据创新内核的不同，技术创新可以进一步被区分为以环保为导向的技术创新、以质量为导向的技术创新和以效率为导向的技术创新等，与本书关系密切的是以环保为导向的绿色技术创新。绿色技术创新不仅要遵循"市场导向"的激励原则，还要顺应环境规制等政策的协调理念，只有这样，才能持续推动绿色技术在各领域、各行业的高效扩散（王锋正和刘曦萌，2024；陈恒等，2024）。随着新一代信息技术的演进及其与产业的深度融合，逐步形成了关键核心技术创新、绿色技术创新、数字化技术创新等新型技术创新类型。但整体来看，一方面，技术创新是企业突破技术"瓶颈"、跨越技术障碍、保持竞争力的重要驱动力；另一方面，技术创新带来的扩散效应对国家经济发展具有重大的影响，通过在各行业间进行传导、以此驱动各行业整体技术进步，成为国家经济发展的重要支撑。

2.2.3 产业政策理论

国内尚未形成完整的产业政策理论体系，围绕产业政策理论的适用范围以及内涵特征仍存在不同看法。2016年，林毅夫和张维迎关于产业政策的争辩引起了学界的关注。张维迎（2016）从新自由主义角度出发，认为产业政策会误导企业家在不该投入资源的产业中投入资源，限制企业创新，对于市场失灵现象，企业家会在利润驱使下寻求解决的方法，而且这种方式比政府干预效果要好，因此，主张废除任何形式的产业政策。林毅夫（2017）从新结构经济学角度出发，认为产业政策能够推动技术创新和产业升级，帮助潜在比较优势产业的发展，促进经济发展。张维迎和林毅夫关于产业政策的讨论在学术界引起了广泛关注，对中国产业政策产生了深远影响。由此，产业政策理论研究成为学界关注的重点。

冯飞鹏和韦琼华（2020）认为，产业政策是一系列的政策干预措施，主要功能是弥补市场机制缺陷，引导资源流向进而影响某一类产业的资源配置，市场机制不可避免地会存在一定缺陷，产业政策是弥补这一缺陷的兜底机制和补充机制。产业政策能够促进市场竞争、优化资源配置，从而驱动产业结构升级转型，实现国家宏观目标（余意，2023）。产业政策可以分为选择性产业政策和功能性产业政策，前者针对特定行业，如有选择地促进某类产业的发展，后者则针对经济系统的特定功能，但也存在二者交叉的情况（马本和郑新业，2018）。产业政策理论以"产业结构理论"为核心，明确指出了优先发展哪些产业，不鼓励、限制哪些产业的发展，以及如何安排不同产业的顺序，为政府产业发展规划提供了科学依据（韩永辉等，2023）。如政府通过颁布政策，避免市场机制的失灵，以及为企业提供资金、技术等方面的支持，激发企业研发创新的积极性，驱动产业结构优化升级。绿色创新具有技术和环境的双重外部性，技术的溢出效应使创新成果能够被模仿和复制。同时，技术创新过程将外部环境问题内部化，这将导致企业绿色创新投资成本高、风险大，严重挫伤企业绿色创新的积极性。因此，若缺乏外部政府部门的激励，企业很难自主开展绿色创新活动。由此，政府应实施积极的产业政策以加强宏观调控，鼓励优先发展绿色产业，限制"三高"产业的发展。

2.2.4　环境政策理论

随着工业化与城市化的快速发展，环境污染问题日益严重，给社会可持续发展带来巨大压力，由此驱动了环境相关政策的发展。环境政策理论可以追溯到 20 世纪 70~80 年代，而环境政策的理念是由德国学者马丁·耶内克和约瑟夫·休伯提出的。生态现代化理论、公共选择理论与外部性理论均为环境政策理论的演化基础，为政府出台环境政策从而治理环境问题提供了理论前提。综合来说，环境政策一般指国家或各级政府为保护环境所采取的一系列控制、管理、调节措施的总和，以规范个体或组织行为，具有强制性与命令性特征，为企业绿色化转型升级提供了支持（张志坚，2023）。制定适宜的环境政策以实现环境问题的高效解决是新发展理念的内在要求，环境政策能够有效淘汰高污染企业进而促进清洁企业发展，并产生创新补偿效应，推动绿色创新活动，驱动企业绿色转型（张金英和温秋森，2024）。张坤民等（2007）将环境政策分为命令控制、市场激励、自愿行动和公共参与四类。命令控制型环境政策指政府通过颁布法律法规、规章制度等政策，对企业行为进行强制性规范，从而促进地区的绿色发展。命令控制型环境政策通过法律法规的制定，以强制手段减少企业的污染物排放，倒逼企业进行技术创新，促进企业的绿色发展。市场激励型环境政策指通过市场手段激励社会主体提高绿色发展水平，如政府通过颁布许可证制度和碳排放权交易促进企业技术变革，提高资源利用率，减少污染物排放，提升绿色发展水平。自愿行动型环境政策指政府环境部门通过社会舆论等非强制性手段，使社会主体自愿做出保护环境的行为，这种方式能够避免管制成本，优化生产流程，使企业进行绿色技术革新，达到环境保护的目的。公众参与型环境政策指企业和公众基于自身的环境保护意识与政策的引导，提升其环保意识，自发采取行动实现绿色发展（范秋芳和张园园，2023；王锋正和刘曦萌，2024）。随着政府环境关注度的逐步提升，学界对环境政策的研究日益增多。在生态效应方面，有学者认为，短期内，政府治理手段能显著促进空气质量的改善，但长期来说政府治理效力将会降低（张根明和杨红霞，2022）。在治理效应方面，有学者认为，地方政府倾向于发展经济（白东北和刘曦萌，2024）。也有学者认为，中央政府凭借权力打破地方保护主义的壁垒，集中人力、物力和财力，达到较好的环境治理效果（唐啸和陈维维，2017）。可见，在企业的环境治理与绿色发展中，环境政策起着至关重要的作用。

2.2.5　企业异质性理论

企业异质性理论（Firm Heterogeneity Theory）主要来源于产业组织理论（Industrial Organization Theory）和国际贸易理论（International Trade Theory），该理论的核心观点是，即使在同一个产业中，不同企业在生产率、规模、技术和管理等方面也可能存在显著差异，从而导致企业

在竞争和国际贸易中表现不同（祝坤福等，2024）。美国经济学家 Melitz
（2003）提出了一个基于企业异质性的国际贸易模型，解释了企业在全球
化背景下竞争和生产率的差异。企业异质性理论突破了传统的均质企业模
型，强调企业之间的差异性，关注内部生产要素（如生产率、技术、管
理、劳动力等）对企业发展和国际贸易的影响。该模型对后续经济学研究
产生了深远影响，促使企业异质性理论得以迅速发展。在此基础上，Ber-
nard 等（2009）检验了贸易开放对美国企业贸易的影响，证明了 Melitz
的模型中关于贸易会在广延边际增长的预测。企业生产率会影响企业在市
场竞争中的优势，生产率较高的企业能够更有效地利用资源，降低生产成
本，从而在市场竞争中具有更强的竞争力。在一定程度上，企业规模越
大，单位生产成本越低、效率越高。然而，当企业规模超过一定程度时，
管理成本和协调难度可能上升，导致规模经济的收益递减。企业所处的生
命周期阶段不同，其资源抑制程度也存在差异，高成长性企业拥有着更强
的融资能力和资源利用效率，能够减少企业创新成本，提升创新绩效（代
梦雪等，2023）。企业所有权性质会影响企业的资源禀赋，从而使创新意
愿和能力存在差异，非国有企业的组织结构和管理能力具有较高的灵活
性，能够利用环境政策合理分配创新资源，促进创新活动的开展（张志英
和温秋森，2024）。不同企业在技术创新方面的投入和能力差异可能导致
其在市场竞争中地位不同。企业之间的知识和技术传播对整体产业的生产
率具有积极影响。企业之间的合作和竞争可以促进知识技术传播，从而提
高整体产业水平，通过优胜劣汰筛选竞争力强的企业，淘汰效率低下企
业，这一过程使资源得以重新分配，提高整体产业的生产率和竞争力。在
竞争激烈的市场环境下，企业需不断提高效率以降低成本，从而应对市场
竞争压力（杨蕊和韩丽莱，2024）。企业异质性理论认为，不同企业之间
的差异会导致产业结构的调整。优势企业在市场竞争中脱颖而出，资源向
高效率、高生产率企业转移，从而推动产业结构优化。政府政策、法律法
规、金融体系等因素对企业生产率、规模、技术和管理等方面的影响存在
差异性。已有的理论模型关注的大多是企业生产率的异质性，除了生产率

有差异之外，企业的异质性还体现在市场规模、市场距离、价格、研发等方面（李伟和路惠雯，2019）。

2.2.6 制度变迁理论

制度的起源与变迁是为了形成有效的激励机制，减少外部性，降低交易费用，提高资源配置效率。在传统的增长模型中，资本积累、技术进步和劳动力增加被视为经济增长的主要驱动力，制度变迁理论的提出，是对传统经济增长理论的重要补充。诺思（1994）指出，这些传统因素虽然重要，但它们本身也受到制度的深刻影响，制度变迁通常发生在现有制度无法满足经济发展需求时，这种变迁可能是渐进的，也可能是突变的，主要取决于外部环境的变化和内部动力的强弱。任何制度都会受到包括宏观制度背景（政治经济制度安排）、中观政治变量（意识形态与思想观念）、微观主体行为（制度主客体）在内的一系列因素的影响和制约而发生结构性变迁（刘健等，2023）。制度变迁的动力和影响因素主要是行为主体期望获得的最大潜在利润或外部利润，而外部利润的获得必须通过对现有制度进行再安排或创新，因此制度变迁具有创新型和诱发性特征（郑军和杨玉洁，2020）。制度变迁的动因可以分为主体因素和非主体因素，主体因素是通过主体的不断学习扩充决策集，以及主体间的反复博弈，对制度产生影响；非主体因素主要来自于外部环境，旧制度与社会发展不匹配，从而推动制度变迁（杨伟国等，2023）。根据主体的不同，制度变迁又可以分为强制性制度变迁和诱致性制度变迁两种，强制性制度变迁是通过外部因素强制推动制度变迁；诱致性制度变迁通常发生在市场自由竞争环境中，市场主体通过不断的探索和试错，从而产生新的制度结构（漆珍，2023）。因此，随着社会经济的发展，公民会对制度提出新的要求以满足公民的需要，达成一种制度供需平衡。从发展阶段来看，制度变迁可以分为存续期和断裂期。在制度存续期，制度的供需基本均衡，制度环境与社会秩序保持相对稳定；而在制度断裂期，原有的制度变迁路径难以带来社会普遍的收益递增，主体之间权力互动的良性循环局面被打破，行动者之间充满矛盾冲突和利益博弈，通过变迁形成新的制度范式，呈现出结构性与历史性的特征（陈江畅和张京祥，2022）。综合来说，制度变迁的动力可能来自技术创新、市场扩展、政治变革等多种因素，但其最终目的是提高制度的效率，更好地适应社会发展的需要。

参考文献

［1］白东北，刘曦萌.绿色财政政策能提高能源利用效率吗——来自"节能减排财政政策综合示范城市"的证据［J］.当代财经，2024（10）：1-16.

［2］陈恒，彭程，郭爽，等.基于复杂市场网络绿色技术创新扩散的两阶段演化分析［J］.中国管理科学，2024，32（3）：135-144.

［3］陈江畅，张京祥.我国创新产业用地政策的转型与变革——基于制度变迁理论［J］.地域研究与开发，2022，41（2）：167-173.

［4］陈欣欣.需求驱动的"互联网+"模式的智慧康养文献综述［J］.智能建筑与智慧城市，2022（8）：35-37.

［5］代梦雪，张珏，赵文回，等.区域性税收优惠、企业异质性与创新绩效——基于我国西部地区上市公司的实证分析［J］.商业会计，2023（15）：59-63+34.

［6］道格拉斯·C.诺思.经济史中的结构与变迁［M］.上海：上海三联书店，上海人民出版社，1994.

［7］丁红燕，于膨菲.自然资源资产离任审计与企业绿色工艺创新——来自重污染上市公司的证据［J］.会计之友，2023（20）：27-35.

［8］杜斌，张治河.技术创新理论拓展：来自新古典主义的解释——基于戈森定律、产品创新与工艺创新视角［J］.科技进步与对策，2015，32（15）：26-31.

［9］范秋芳，张园园.不同环境政策工具对我国碳生产率的影响［J］.统计与决策，2023，39（16）：59-63.

［10］冯飞鹏，韦琼华.产业政策、政治关联与创新效率［J］.电子科技大学学报（社会科学版），2020，22（4）：50-57+112.

［11］冯宇坤，龙素英.企业 ESG 表现、制度环境与财务绩效——基于沪深 A 股制造业上市公司［J］.绿色财会，2023（11）：9-13.

［12］韩峰，阳立高.生产性服务业集聚如何影响制造业结构升级？——一个集聚经济与熊彼特内生增长理论的综合框架［J］.管理世界，2020，36（2）：72-94+219.

［13］郭南芸，黄典.企业创新行为、制度环境与工业全要素生产率提升［J］.首都经济贸易大学学报，2021，23（6）：43-58.

［14］韩先锋，宋文飞.异质环境规制对OFDI逆向绿色创新的动态调节效应研究［J］.管理学报，2022，19（8）：1184-1194.

［15］韩永辉，沈晓楠，张帆.中国式现代化视域下产业政策动态变迁与农业结构升级——基于新结构经济学的理论分析与案例研究［J］.南方经济，2023（9）：25-46.

［16］胡海晨.新疆油气资源依赖型企业绿色转型发展研究［D］.北京：对外经济贸易大学，2018.

［17］姜耀辉，刘春湘.社会组织制度环境：经验测量及其政策意义［J］.湖南师范大学社会科学学报，2020，49（3）：100-110.

［18］金昕，管浩辛，陈松.环境规制工具如何影响企业绿色技术创新？——基于双重视角的异质效应研究［J］.工程管理科技前沿，2022，41（4）：62-68.

［19］康玉梅，王嘉诚.新质生产力、技术创新扩散对循环经济发展的影响——基于长江经济带的实证［J］.统计与决策，2024，40（19）：89-95.

［20］兰斯·E.戴维斯，道格拉斯·C.诺思.制度变迁与美国经济增长［M］.张志华，译.上海：格致出版社，2019.

［21］李勃，徐慧，和征.如何使供应商参与绿色产品创新更有效——参与模式及治理形式适配的作用［J］.科技进步与对策，2021，38（18）：114-123.

［22］李国柱，张婷玉.环境规制耦合协调度对企业绿色创新的影响——基于非平衡面板分位数回归的研究［J］.生态经济，2022，38（12）：136-144.

［23］李若昕，冯均科，许瑜."互联网+"战略下企业内部控制信息化制度创新刍议［J］.人文杂志，2018（3）：44-50.

［24］李伟，路惠雯.FDI对我国出口产品质量的影响分析——基于企业异质性理论的视角［J］.经济问题探索，2019（10）：108-124.

［25］李晓翔，李春于.制度环境对企业创新的"过犹不及"效应研究［J］.哈尔滨商业大学学报（社会科学版），2022（3）：45-56.

［26］梁运吉，刘冰冰.社会责任、融资约束与企业绿色技术创新［J］.会计之友，2022（17）：61-68.

［27］林峰，林淑佳，李宏兵.互联网+、城市智能化与中国企业技术创新——来自腾讯研究院大数据与专利微观数据的分析［J］.南方经济，2022（9）：75-96.

［28］林毅夫.产业政策与我国经济的发展：新结构经济学的视角［J］.复旦学报（社会科学版），2017，59（2）：148-153.

［29］刘健，刘曦萌，白东北.营商环境优化与居民消费升级［J］.财贸研究，2023，34（7）：29-39.

［30］罗进辉，巫奕龙.空气污染会倒逼企业进行绿色创新吗？［J］.系统工程理论与实践，2023，43（2）：321-349.

［31］吕迪伟，蓝海林，曾萍，等.异源绩效压力对企业外部研发倾向的异质性影响——区域制度环境的调节作用［J］.研究与发展管理，2019，31（2）：44-55.

［32］马本，郑新业.产业政策理论研究新进展及启示［J］.教学与研究，2018（8）：100-108.

［33］蒙大斌，于莹莹.双重环境规制、创新生态与绿色技术创新——对"波特假说"的再探讨［J］.软科学，2022，36（10）：47-54.

［34］漆珍.制度变迁理论视角下互联网金融风险监管研究［D］.上海：上海财经大学，2023.

［35］唐啸，陈维维.动机、激励与信息——中国环境政策执行的理论框架与类型学分析［J］.国家行政学院学报，2017（1）：76-81.

［36］王爱民.技术环境对企业技术创新能力的影响效应研究［J］.技术与创新管理，2022，43（2）：169-180.

［37］王锋正，刘曦萌.数字化技术驱动企业战略变革机制研究——一个有调节的中介效应模型［J］.科技进步与对策，2024，41（23）：97-106.

［38］王锋正，刘宇嘉，孙玥.制度环境、开放式创新与资源型企业转型［J］.科技进步与对策，2020，37（5）：114-123.

［39］王琳，蒋雨轩，杨文升.资源型企业绿色转型动力机制的演化博弈分析［J］.管理现代化，2024，44（3）：92-102.

［40］吴传清，高坤.环境规制与长江经济带高技术制造业环境效率研究——基于"波特假说"的检验［J］.长江流域资源与环境，2022，31（5）：972-982.

［41］熊彼特.经济发展理论［M］.何畏，易家详，译.北京：商务印书馆，2020.

［42］熊焰，杨博旭.双重网络嵌入、制度环境与区域创新能力［J］.科研管理，2022，43（6）：32-42.

［43］阎俊爱，安韬，周芳玲，等.资源型企业转型路径研究——基于四家企业的

案例研究［J］.经济问题，2020（4）：104-113.

［44］杨发庭.绿色技术创新的制度研究［D］.北京：中共中央党校，2014.

［45］杨蕊，韩丽荣.第三次分配对企业的约束效应：中介机制与企业异质性［J］.经济纵横，2024（4）：117-128.

［46］杨伟国，韩轶之，王静宜.制度变迁动因研究：一个基于新制度主义的整合性分析框架［J］.北京行政学院学报，2023（3）：26-36.

［47］余意.产业政策视角下制造企业跨行业并购转型的绩效研究［D］.广州：广东财经大学，2023.

［48］袁祎开，冯佳林，谷卓越.环保补助能否激励企业进行绿色创新？——基于企业社会责任门槛效应的检验［J］.科学学研究，2024，42（2）：437-448.

［49］张翀，焦伟伟.风险投资、地区制度环境与区域创新绩效［J］.财经问题研究，2022（4）：75-82.

［50］张根明，杨红霞.金融错配、政治关联与企业研发投入［J］.财会通讯，2022（6）：77-82.

［51］张金英，陆春晓.环境政策对工业绿色转型的影响——综合效益、空间效应、差异化影响及政策优化路径［J］.经济问题，2024（10）：85-94.

［52］张坤民，温宗国，彭立颖.当代中国的环境政策：形成、特点与评价［J］.中国人口·资源与环境，2007（2）：1-7.

［53］张凌，陈洪彬，原海滨.资源型产业结构现状及合理化策略的思考［J］.科技与管理，2001（2）：23-24+31.

［54］张维迎.我为什么反对产业政策——与林毅夫辩［J］.比较，2016（6）：174-202.

［55］张振旺，张君慧，宋宇.技术环境对菜农有机肥技术采纳行为的影响——以河南省设施菜农为例［J］.中国农业资源与区划，2023，44（7）：117-128.

［56］张志坚.环境政策、社会规范与农户生活垃圾治理意愿研究［D］.咸阳：西北农林科技大学，2023.

［57］张志英，温秋森.政府资助、环境规制与绿色技术创新：基于企业异质性的比较［J］.科学与管理，2024，44（1）：39-47.

［58］赵卢雷.西方技术创新理论的产生及演变历程综述［J］.江苏经贸职业技术学院学报，2020（3）：43-46.

［59］郑军，杨玉洁.农业收入保险制度模式的中美比较及启示——基于制度变迁理论［J］.河北工业大学学报（社会科学版），2020，12（4）：9-15.

［60］祝坤福，王家荣，李善同.制造业企业在中国经济双循环中的比较优势分析——基于企业异质性视角［J］.管理世界，2024，40（9）：60-79.

［61］Bel G., Joseph S. Policy stringency under the European Union Emission trading system and its impact on technological change in the energy sector［J］. Energy Policy, 2018（117）：434-444.

［62］Bernard A. B., Jensen J. B., Redding S. J., et al. The margins of US trade［J］. American Economic Review, 2009, 99（2）：487-493.

［63］Braun E., Wield D. Regulation as a means for the social control of technology ［J］.Technology Analysis & Strategic Management, 1994, 6（3）：259-272.

［64］Cai X., Zhu B., Zhang H., et al. Can direct environmental regulation promote green technology innovation in heavily polluting industries? Evidence from Chinese listed companies［J］. Science of the Total Environment, 2020（746）：140810.

［65］Liao Z. Environmental policy instruments, environmental innovation and the reputation of enterprises［J］. Journal of Cleaner Production, 2018（171）：1111-1117.

［66］Melitz M. J. The impact of trade on intra-industry reallocations and aggregate industry productivity［J］. Econometrica, 2003, 71（6）：1695-1725.

［67］Nordhaus W. D. An economic theory of technological change［J］. The American Economic Review, 1969, 59（2）：18-28.

第 3 章
制度环境与资源型企业绿色技术创新
——董事会治理视角

3.1 研究背景

"十四五"规划明确提出,深入实施生态工程,完善生态安全屏障体系,聚焦国家重大战略,突出创新引领作用,打造绿色发展高地。以绿色创新推动形成高质量发展绿色增长点是稳步推进高质量发展和最终实现人与自然和谐共生中国式现代化建设的关键支撑。由此,聚焦人与自然和谐共生现代化建设中的痛点和难点,有针对性地加快推进绿色创新已成为我国改善空气、提高水质量并提升环境绩效的重要战略路径。依托丰富的能源与矿产资源而成长起来的资源型企业,促进了我国加工制造业的高速发展,彰显了其在国家经济发展与社会进步历程中不可替代的作用。在改革开放初期,资源型企业对中国的经济发展发挥了巨大作用,现阶段资源型企业依旧是部分欠发达地区的支柱产业,持续推动着地区的发展与建设(刘思宇,2022)。但是,由于传统的思维方式和内外环境的限制,我国的资源型企业长期以来所形成的投入高、消耗高、污染高的"三高问题"以及产出低、效率低和质量低的"三低问题",已经与新时代用新发展理念引导高质量发展的需求相矛盾(王琳等,2024)。因此,寻求一条以生态优先和绿色发展为核心的高质量发展之路,成为资源型企业的出路。随着科学技术不断革新、知识作用日益增加以及人与自然和谐共生现代化建设的深入人心，对能源矿产资源的独占以及"以污染换环境"的发展模式不再是资源型企业生存发展、谋求利润、参与竞争的关键（王锋正等，2020）。资源型企业必须坚持生态和环保方向，利用创新驱动新旧能源转换，深化供给侧结构性改革，走上绿色生态可持续发展的道路。这就意味着，在面临着保护环境和经济发展提质增效的双重压力的同时，资源型企业进行绿色技术创新已成为"大势所趋"。

然而，若城市知识产权保护能力薄弱、法治体系建设不健全，企业创新结果很可能被竞争者复制或剽窃，引致企业的研发投资远低于社会最优投资水平，从而影响技术创新内驱力。与此同时，由于创新本身具有高投入、高风险和产出不确定性的特点，使企业的技术创新积极性受到削弱。因此，激发企业创新内驱力需要对诸如税收优惠等合理而又有效的外部激励手段进行设计，以增强企业的创新动力和信心（周海炜和齐增睿，2024）。根据演化经济学理论，企业行为会受到外部环境的影响，因此制度环境的变化会对企业创新行为和创新偏好产生巨大影响（郭韬等，2019）。适宜的制度环境能够激活企业创新的积极性与活力，同时也会加强对企业创新成果的保障（张伟，2024）。因此，营造良好的外部制度环境，对推动资源型企业主动进行绿色技术创新，实现生态优先、绿色发展的高质量发展具有重要的现实意义。鉴于此，实证检验外部综合制度环境以及知识产权保护、市场法治环境维护、行业协会帮助三个分项指标，能否真正促进资源型企业绿色技术创新，成为本书研究的主要目的之一。

制度环境对创新激励、维持创新效益、改善市场法治环境以及行业协会等有重要作用（易倩和卜伟，2018；周精，2023；王浩军等，2023）。唯有企业认同外部制度环境并依靠内部创新动力方能真正激励资源型企业绿色技术创新（王锋正和陈方圆，2018）。董事会是股东委托代理人，又是公司重大战略决策的主体，更是公司战略性判断与抉择的主体，是响应国家制度政策和有效利用外部资源的关键（嵇尚洲和田思婷，2019）。随着新发展理念的深入贯彻落实以及市场竞争焦点由资源占有转向技术占有，绿色技术创新已经成为资源型企业亟须考量的战略性问题，董事会亟须依据企业内外部环境条件作出决策。为此，在加速推进生态文明建设、实现经济高质量发展的同时，资源型企业能否顺应时代潮流、立足外部制度环境，通过改善董事会治理水平，作出绿色技术创新的科学战略决策，直接决定了其能否摆脱以牺牲环境为代价实现经济增长的"怪圈"，从而走上生态优先、绿色发展的高质量发展之路。在此背景下，本书选取了 2018~2022 年中国沪深 A 股市场 51 个资源企业进行了实证研究，从综合制度环境与知识产权保护、市场法治环境、行业协会扶持三个方面构建制度环境指标，对资源企业绿色技术创新行为进行实证研究，为我国政府改善制度环境、提高公司的董事会治理水平提供科学依据，以期为政府优化制度环境和企业完善董事会治理提供决策参考。

本章的主要贡献体现在：

（1）突破制度环境的单一外生变量视角，从企业内部和外部整合的视角出发将董事会治理引入到企业绿色技术创新中，探索制度环境—董事会治理—企业绿色技术创新之间的直接效应和相互作用机理，期望丰富和发展绿色技术创新理论。

（2）突破将制度环境作为一个整体考量的局限，立足异质性视角，从保护知识产权、维护市场法制环境和行业协会帮助三个方面分解制度环境以及基于上述三个分项计算所得的综合制度环境指数，分别实证检验综合制度环境及其三个分项指标与董事会治理对资源型企业绿色技术创新的直接影响及其交互作用机制，以期突出制度环境优化的具体指向性。

3.2　文献综述与研究假设

3.2.1　制度环境与资源型企业绿色技术创新

依据制度变迁理论，制度产生和变迁的目的是要建立一种能够降低外部性、减少交易费用、提高资源分配效率的有效激励机制。依据技术创新理论，创新活动的开展不仅需要人才、资金等要素的鼎力支持，而且其风险性、不确定性和易模仿性或被窃取性均会大大降低企业创新积极性与动力。如若有良好的制度环境做保证，就能够有效激发企业的创新热情，并对创新成果进行有效保护。总结学者对制度环境与企业绿色技术创新的研究发现，主要有三种观点：①制度环境是推动企业绿色技术创新的重要因素。合理的制度和政策可以有效地推动绿色专利与绿色技术的产生（薛永轩，2022）。②制度环境对企业的绿色技术创新具有显著的制约作用。政府干预和复杂的管理体制会造成创新资源的严重浪费，使绿色创新的速度缓慢、创新的成本居高不下，对企业的绿色技术创新形成阻碍，造成了企业绿色创新效率的低下（Du 等，2021；Chen 等，2020）。③制度环境对绿色技术创新的影响具有不确定性，即具有不显著相关或者非单调线性关系。制度环境应该在一个适当的范围内有积极影响，超过这个范围就会出现抑制效果（段利民和李晓，2024）。可见，现时期有关制度环境对绿色技术创新的影响研究尚未形成一致观点，而且大部分研究聚焦于省级层面、行业层面或部分高新技术产业层面，对微观企业尤其是依托能源矿产资源成长起来的企业群体的研究甚少。然而，资源型企业是受制度环境影响非常突出的企业群体，其所面临的资源浪费与生态破坏问题更为严重，亟须通过绿色技术创新来降低产品成本、能耗和提高资源综合利用率。然而，由于绿色技术的高投入、高风险和投资回报周期长等特性，其投入决策受到了比普通经济活动更多的影响。从专利的角度来看，由于技术的扩散效应导致的企业创新成果易被模仿问题，需要有稳定且长期有效的知识产权保护制度来解决（王钦和张雀，2018）。较高的知识产权保护水平通过对产权权责利益的划分，以降低创新企业和其他组织合作的风险，进而提高企业创新的积极性。从法制化的角度来看，较高的法制化水平能为创新企业营造一个更公平的环境，提供更健全的服务。从行业角度来看，企业需要强有力的引导和鼓励开展创新活动，资源型企业受制于自身的技术、人才和创新能力问题，很难独自完成绿色技术创新活动，需要相关行业给予帮助以提高企业创新的积极性。因此，对资源型企业的研究，将有助于指导我国政府采取有针对性的措施，提升资源企业的绿色技术创新水平，推动地方区域乃至我国经济的高质量发展。据此，提出假设 H1：

H1：制度环境对资源型企业绿色技术创新存在显著正向作用。

H1a：知识产权保护对资源型企业绿色技术创新存在显著正向作用。

H1b：市场法制环境对资源型企业绿色技术创新存在显著正向作用。

H1c：行业协会帮助对资源型企业绿色技术创新存在显著正向作用。

3.2.2　董事会治理与资源型企业绿色技术创新

提高董事会治理水平有助于企业作出更科学、更有效的决策，由此，董事会治理研究也成为学界研究的热点（陈怡怡，2021）。绿色技术创新是公司的战略行为，而董事会作为公司的核心决策组织，其治理能力与公司的绿色技术创新战略决策有着直接的关系（姜富伟等，2024）。学界关于董事会治理质量与企业绿色技术创新之间的关系研究较多，归纳起来主要有三种观点：①董事会治理能够促进企业绿色技术创新。从性别多样性出发，何翔宇（2022）证明，性别多样性对企业创新有明显的促进作用。从董事的职业背景来看，具有不同职业背景的董事可以从多个角度进行决策，帮助他们找到新的机会，进而推动公司的技术创新。②董事会对公司的绿色技术创新具有抑制作用。从公司的规模大小来看，当公司的规模越来越大时，董事会治理并没有发挥出多样化的决策功能，反而造成了监督、控制和决策效率的降低，这对公司的创新活动造成了障碍（张瑞纲和曾晦，2022）。③董事会治理对绿色技术创新的影响具有不确定性。在我国，独立董事制度实施得比较晚，因此并没有对企业的创新活动产生影响（孙曼曼，2023）。综上所述，学界对于董事会治理水平的研究侧重点不同，因此结果尚未统一。当前，中国经济进入"新常态"，绿色低碳能源供给不足，这必然会使传统资源型企业的绩效不断下降（雷曜彰等，2021）。作为公司人力、物力和财力的最高配置者——董事会，其治理水平的提高可以提高决策的科学性和有效性，并能够从全局的角度来看待问题，通过有效整合资源，及时作出绿色技术创新的战略决策（万禹宁，2024）。从董事会成员的视角来看，拥有不同职业背景的董事会成员能够更好地运用自己的工作经历与专长，为企业出谋划策，从而提升决策的科学性（胡琬琳等，2022）。拥有研发经历的董事能够更加深刻地认识到，创新不仅能够满足我国的绿色发展需求，而且能够给企业带来长期的利益，从而为企业的绿色技术创新提供有力的支撑。基于此，本书拟以我国上市公司为研究对象，基于其从业经历，研究其对资源型企业绿色技术创新的影响。据此，提出假设 H2：

H2：高质量董事会治理对资源型企业绿色技术创新存在显著正向作用。

3.2.3　制度环境与董事会治理的交互作用

通过前文对已有文献的梳理我们可以看出，制度环境、董事会治理与绿色技术创新等基本理论（制度环境理论、公司治理理论、技术创新理论）存在着密切的关联。制度环境是一种旨在降低企业外部性，提高资源利用效率的一套制度和政策，能够对企业的创新行为形成激励。企业作为市场经济的主体，企业的内部治理能力必然会受到外部制度的影响，而公司的内部治理又会对公司的策略和行为产生直接的影响，即影响公司的绿色技术创新。企业要想在瞬息万变的市场中立足，就需要把握时机，根据外部环境，制定出一套科学、合理的战略规划。董事会是公司的关键决策机关，其治理水平对企业的战略决策有着直接的影响。董事会把制度环境和公司内部的资源进行有效的整合，能对企业的绿色技术创新产生积极的影响。在目前阶段，政府对涉及低碳、节能、环保等领域的重点专利进行审核，提高了资源型企业绿色创新的收益；完善的法制环境、有力的产业扶持政策，必然会对企业绿色科技创新起到积极的导向作用；通过实施相应的金融、知识产权保护等措施，对企业的创新成果进行有效的保护。同时，随着资源短缺和环境污染问题的加剧，依赖于资源优势的粗放式发展方式已不能满足资源型企业的实际发展需要，实现高质量发展必须进行绿色技术创新（王锋正等，2024）。可以看出，作为企业技术创新策略的决策者，董事会应该顺应时代的潮流，根据所面对的客观外部制度环境，主动地为企业的绿色技术创新作出科学的决策，这是一种必然，也是一种责任。本书认为，我国上市公司的董事会治理水平和知识产权保护程度、市场法治环境、行业协会帮助，是推动资源企业绿色技术创新的重要因素。据此，提出假设 H3：

H3：董事会治理与制度环境对资源型企业绿色技术创新存在显著的正向交互效应。

H3a：董事会治理与知识产权保护对资源型企业绿色技术创新存在显著的正向交互效应。

H3b：董事会治理与市场法治环境对资源型企业绿色技术创新存在显著的正向交互效应。

H3c：董事会治理与行业协会帮助对资源型企业绿色技术创新存在显著的正向交互效应。

3.3 研究设计

3.3.1 样本选取

学界对于资源型企业有着不同的理解，存在较大差异性。部分学者基于资源使用强度的视角给予界定，部分学者以矿产资源为加工对象来判定，然而，资源型企业是一种基于对自然资源的数量占有或成本占有，以采掘和原始加工为主要生产方式，以消耗自然资源为主要手段的企业。这种企业的核心竞争力在于资源的优势。有些人把它定义为通过资源占有和能源消耗而获利的企业。在此基础上，本书借鉴前人研究成果以及多数学者对资源型企业的界定，并根据《上市公司行业分类指引》，将资源产业分为 12 个类型，其中，开采洗选业代码为 B06-B10，初级加工业代码为

C25、C26、C30-C33、D44，具体如表 3-1 所示。

表 3-1　资源型企业行业分类

资源型企业	代码	名称
开采洗选业	B06	煤炭开采和洗选业
	B07	石油和天然气开采业
	B08	黑色金属矿采选业
	B09	有色金属矿采选业
	B10	非金属矿采选业
初级加工业	C25	石油加工及炼焦业
	C26	化学原料及化学制品制造业
	C30	非金属矿物制品业
	C31	黑色金属冶炼及压延加工业
	C32	有色金属冶炼及压延加工业
	C33	金属制品业
	D44	电力和热力生产供应业

本书选择 2018~2022 年沪深 A 股资源产业上市公司为研究对象，考察制度环境、董事会治理结构对资源型企业绿色技术创新行为的直接效应，并探讨制度环境和董事会治理对资源类企业绿色技术创新的影响机理。研究样本的具体筛选步骤如表 3-2 所示。经过筛选，最终得到 51 个样本，总计 255 个观察数据。

表 3-2　样本筛选过程

序号	样本筛选依据	样本数	观察值
1	筛选资源型企业 A 股上市企业	656	3280
2	剔除财务状况异常（ST、*ST）的企业	623	3115
3	剔除 2018 年以后上市的企业	460	2300
4	剔除研发支出不全或者缺失的企业	334	1670
5	剔除能耗数据不全或者缺失的企业	51	255
6	剩余的样本企业	51	255

3.3.2　数据来源

本书以我国上市公司的年度报告及企业社会责任报告中的数据为基础，得出绿色技术创新的数据指标；以《中国与省份市场化指数》为样本，对制度环境指标进行收集；以中国上市公司的年度报告以及 CCER、CSMAR 数据库等对各变量数据进行收集。以上资料是人工采集、整理、计算的结果。

3.3.3　变量确定

3.3.3.1　被解释变量

绿色技术创新（GTI）。即企业在追求经济利益的前提下，重视提高产品质量，提高资源和能源的使用效率，减少能源消耗，降低对环境的污染（王锋正和陈方圆，2018），符合绿色可持续的发展趋势。现有研究主要以绿色产品数量（毛蕴诗和王婧，2019）、专利数量（郭进，2019）或研发费用占绿色商品销售额之比等指标来度量。鉴于此，本书借鉴李婉红等（2013）的研究，以研发支出与能源消耗总量的比例为测度指标，来衡量绿色技术创新水平。该比值越大，表明企业的绿色技术创新水平越高。

3.3.3.2　解释变量

（1）制度环境（IE）。它指的是与政治、经济和文化相关的一系列法律、法规和习惯，也是可以让人对制度安排进行选择的一系列的规定。企业可以在一定的限度内，通过制度安排来提高自身利益或约束一些行为。现有文献主要从政策和法律环境两个维度对制度环境进行测度（徐细雄和淦未宇，2018）。在严若森和姜潇（2019）、王钦和张崔（2018）的研究基础上，本书拟从制度环境和企业行为两个方面展开研究。考虑到主题特征，本书选择了《中国分省份市场化指数》中的"知识产权保护水平"（IE_pro）作为指标，以反映我国企业对专利技术的保护情况。选择"维护市场的法治环境"（IE_law）作为衡量企业科技环境质量的指标；选择"产业协会对企业的帮助"（IE_ass）用来反映产业协会在促进企业创新方面所起到的作用。在此基础上，构建一个综合指数，以反映资源型企业所处的综合制度环境指数（IE_total）。综合制度环境指数的测算方法为：对前三个指标的指数从低到高进行排序，得到十分位数，对排名靠后的10%赋10、排名靠前的10%赋1，通过三个分项指标的平均值，得到综合制度环境指数，综合指数越高，说明制度环境越好。

（2）董事会治理（BG）。董事会治理就是通过一系列内外部机制对公司进行协同治理，以确保决策的科学性、监督的有效性，以及公司各利益相关者的利益最大化。由于绿色技术创新具有高风险、长周期、不确定的特点，因此需要有相关职业背景的董事会成员来推动，才能对其进行决策。所以本书选取了董事会成员是否具有相关职业背景作为衡量公司治理水平的指标。

3.3.3.3 控制变量

企业绿色技术创新除了受到制度环境、董事会治理等因素的影响外，还受到企业规模（Size）、企业年龄（Age）、财务杠杆（Lev）、企业市值（Q）、经营活动能力（Debt）等多个方面的影响。为了提高研究的可靠性和准确性，本书选取了这五个影响因素作为研究的控制变量。在该模型中，企业的规模采用了企业总资产来表示；用企业创建之年至今的年数来代表企业的年龄；用当前负债总额与股东权益之比来反映财务杠杆；采用托宾Q来表征企业的市场价值；利用资产负债率来反映公司运营活动的能力。具体如表3-3所示。

表3-3　变量释义

类型	变量	代码	释义
因变量	绿色技术创新	GTI	用研发支出与能源消耗总量的比值表示
自变量	制度环境	IE_pro	用《中国分省份市场化报告指数》中的知识产权保护表示
		IE_law	用《中国分省份市场化报告指数》中的维护市场的法治环境表示
		IE_ass	用《中国分省份市场化报告指数》中的行业协会对企业的帮助表示
		IE_total	用前三个变量的平均数综合表示
	董事会治理	BG	董事会成员具有研发职业背景，则赋值为1，否则为0

类型	变量	代码	释义
控制变量	企业规模	Size	用公司资产规模总量的对数值表示
	企业年龄	Age	用公司创建之年至今的年数表示
	财务杠杆	Lev	用总负债与所有者权益的比值表示
	企业市值	Q	用托宾 Q 表示
	经营活动能力	Debt	用资产负债率表示

3.3.4　模型构建

为了验证前面的研究假设，本书建立了三个基于 C-D 生产函数的实证检验模型。在此基础上，首先，利用模型 1 对研究假设 1 进行了验证，也就是综合制度及分项制度环境对资源型企业的绿色技术创新行为的影响；其次，利用模型 2 对假设 2 进行了验证，证明了在资源型企业中，董事会治理对于企业的绿色技术创新具有重要的作用；最后，利用模型 3 进行了实证分析，验证假说 3，即制度环境和董事会治理交互作用对资源型企业绿色技术创新的影响。

模型 1：$GTI_{it}=\beta_0+\beta_1 IE_{it}+B_2 Control_{it}+\varepsilon_{it}$

模型 2：$GTI_{it}=\beta_0+\beta_1 BG_{it}+\beta_2 Control_{it}+\varepsilon_{it}$

模型 3：$GTI_{it}=\beta_0+\beta_1 IE_{it}+B_2 IE_{it}XBG_{it}+\beta_3 Control_{it}+\varepsilon_{it}$

其中，GTI 表示企业绿色技术创新；IE 表示制度环境；IE_pro 表示知识产权保护水平；IE_law 表示维护市场的法治环境；IE_ass 表示产业协会对企业的帮助；IE_total 表示综合制度环境指数；BG 表示董事会治理；Control 表示控制变量集合；i 表示 51 家企业；t 表示不同的年份。

3.4 回归结果与分析

3.4.1 描述性统计

本书运用 STATA18.0 进行了实证分析，得出了各主要变量的统计性描述以及相应的结论。由表 3-4 可以看出，绿色技术创新（GTI）的最小值是 0，最高为 10.136，平均为 0.564，这说明资源型企业的绿色创新行为存在着很大的差别，并且平均水平并不是很高。在这些指标中，企业经营能力（Dcbt）的最大值为 16.785，显示了各样本公司的经营能力有很大差别。

表 3-4　描述性统计

变量	观测值	均值	标准差	最小值	最大值
GTI	255	0.564	1.334	0.000	10.136
IE_pro	255	10.909	9.601	0.460	31.090
IE_law	255	6.896	2.041	2.850	10.050
IE_ass	255	8.553	2.378	4.350	12.470
IE_total	255	37.740	19.592	22.447	104.070
BG	255	0.827	0.379	0.000	1.000
SIZE	255	24.117	1.349	20.850	27.072
AGE	255	13.510	5.145	1.000	25.000
LEV	255	1.980	1.661	0.136	12.298
Q	255	1.400	0.932	0.758	8.030
Debt	255	59.158	16.785	11.987	92.480

3.4.2 相关性分析

首先，运用 STATA18.0 软件对本书数据进行分析，因属于面板数据，为避免异方差和时间序列相关等影响因素，本书选择通过 Hausman 检验来判断是否存在固定效应或随机效应。其次，使用最小二乘估计方法对本书中的主要变量和控制变量进行相关性分析。结果如表 3-5 和表 3-6 所示。知识产权保护水平（IE_pro）、综合制度环境指数（IE_total）、董事会治理（BG）与资源型企业绿色技术创新（GTI）具有明显的正向相关性，维护市场的法治环境（IE_law）、产业协会对企业的帮助（IE_ass）与资源型企业绿色技术创新（GTI）的正相关性不显著。在控制变量方面，企业规模（Size）、企业年龄（Age）与企业绿色技术创新（GTI）之间存在着显著的负相关关系；财务杠杆（Lev）、企业市值（Q）和经营活动能力（Debt）对公司绿色技术创新没有明显的作用。

表 3-5　变量的相关系数（1）

变量	GTI	IE_pro	IE_law	IE_ass	IE_total
GTI	1.000				
IE_pro	0.143**	1.000			
IE_law	0.068	0.790***	1.000		
IE_ass	0.058	0.626***	0.824***	1.000	
IE_total	0.166***	0.695***	0.308***	−0.054	1.000
BG	0.133**	0.022	0.015	0.009	−0.022
Size	−0.219***	−0.050	−0.021	0.093	−0.262***
Age	−0.239***	−0.113*	0.008	0.055	−0.114*
Lev	−0.060	−0.308***	−0.326***	−0.358***	−0.142**
Q	0.089	0.232***	0.298***	0.235***	0.132**
Debt	0.012	−0.365***	−0.346***	−0.354***	−0.200***

注：*、**、*** 分别表示在 10%、5%、1% 的水平上显著。

表 3-6　变量的相关系数（2）

变量	BG	Size	Age	Lev	Q	Debt
BG	1.000					
Size	0.222***	1.000				

变量	BG	Size	Age	Lev	Q	Debt
Age	0.053	0.281***	1.000			
Lev	0.115*	0.222***	0.221***	1.000		
Q	−0.327***	−0.544***	0.063	−0.195***	1.000	
Debt	0.144**	0.336***	0.222***	0.781***	−0.261***	1.000

注：*、**、*** 分别表示在 10%、5%、1% 的水平上显著。

3.4.3　回归结果分析

根据表 3-7 模型 1 的回归分析结果，知识产权保护水平、市场的法治环境、产业协会对企业的帮助和制度环境综合指数与企业绿色技术创新能力分别在 1%、5%、10% 的水平上显著，证实了假设 1。研究发现，对于中国的资源型企业来说，较好的制度环境对企业的绿色技术创新具有明显的推动作用，假设 H1、H1a~H1c 因此也得到了检验。这一结论充分表明，知识产权保护水平加强了对创新收入的保护，使企业参与绿色技术创新的行为得到了更多的法律保护，从而使公司有更多的资金投入到技术创新中。维护市场的法治环境强化保护生产者的合法权利，有助于推动企业进行技术创新。因为资源型企业实施绿色创新的资金投入大、周期长，这就要求产业协会给予相应的扶持。就控制变量而言，企业规模对企业的绿色技术创新具有明显的负向影响，这是因为当企业规模较大时，企业治理污染所需的绿色发展成本就会变得更高，从而会对企业的绿色技术创新产生负面影响。企业年龄对企业的绿色技术创新具有明显的负向作用，即企业成立时间越久，其原有的生产模式越难发生变化，实施技术改造的成本可能比改造后的收益要高，因此，企业更不愿意主动地进行绿色技术创新活动。财务杠杆显著负向影响资源型企业绿色技术创新，绿色技术创新具有周期长、资金投入大、不确定性因素多等特征，财务杠杆越大，企业越不愿意承担风险，进而使财务杠杆对资源型企业的绿色技术创新产生了明显的负面影响。资产负债率对企业的绿色技术创新具有显著的正向影响，这说明公司的运营能力较强时，更倾向于进行绿色技术创新。但是研究发现，企业市值并没有对公司的绿色技术创新产生明显的作用。

表 3-7　实证计量结果

变量	GTI（模型 1）				GTI（模型 2）
	IE_pro	IE_law	IE_ass	IE_total	
IE	0.025***	0.078*	0.088**	0.008**	
	（2.77）	（1.76）	（2.25）	（2.05）	
BG					0.721***
					（3.28）
Size	−0.239***	−0.227***	−0.255***	−0.164**	−0.197**
	（−3.05）	（−2.85）	（−3.12）	（−2.09）	（−2.59）
Age	−0.048***	−0.053***	−0.054***	−0.053***	−0.056***
	（−2.80）	（−3.12）	（−3.20）	（−3.12）	（−3.37）
Lev	−0.137*	−0.129*	−0.118	−0.142*	−0.143*
	（−1.79）	（−1.67）	（−1.52）	（−1.85）	（−1.88）
Q	−0.028	−0.015	−0.031	0.051	0.137
	（−0.26）	（−0.14）	（−0.28）	（0.49）	（1.26）
Debt	0.026***	0.023***	0.024***	0.022***	0.020***
	（3.27）	（2.98）	（3.09）	（2.89）	（2.7）
Constant	5.458***	5.092***	5.532***	3.761*	4.350**
	（2.96）	（2.75）	（2.97）	（1.96）	（2.38）
Observations	255	255	255	255	255
R-squared	0.136	0.12	0.127	0.124	0.146

注：*、**、*** 分别表示在 10%、5%、1% 的水平上显著。

通过对表 3-7 中的模型 2 的回归结果进行分析发现，董事会治理对企业的绿色技术创新具有显著的正向影响，假设 H2 得到了检验。因此本书认为，在我国上市公司进行绿色科技创新的过程中，董事会治理水平的提高将直接促进企业的绿色技术创新活动水平的提高。从事过研发工作的董事，有更大的动机和自信通过科技革新活动获得超额利润。对于资源型企业来说，绿色创新在取得经济和环境双重效益的同时，即使存在着一定的风险，只要成功了，就能带来巨大的利益。董事会更加积极地推动绿色技术创新战略的通过与执行。此外，各控制变量与模型 1 的结果基本吻合。

由表 3-8 可知知识产权保护水平、市场的法治环境、产业协会对企业的帮助以及综合制度环境与董事会治理的交互效应均与企业的绿色技术创新在 1% 的水平上显著正相关，即产生了显著的正向影响。研究假设 H3、H3a~H3c 得到验证。高知识产权保护水平为企业技术创新成果提供强了有力的保护，降低了企业创新的风险性，进而增加了董事会决定开展绿色创新的信心。当市场的法治环境更完善时，能够增加制度的公开度和透明度，进而提升董事会决定开展绿色创新的动力。当行业协会对企业的帮助程度较高时，企业绿色创新所需的知识、技术或资金问题就得到了一定的解决，董事会就更可能对此作出积极的响应。此外，拥有研发职业背景的董事在参与决策时，能够更好地把握时机，将研发活动的优势传达给其他董事，从而推动企业开展绿色技术创新。总体而言，提高知识产权保护水平、营造更加公正的法治环境、协会更加积极地帮助企业、提高董事会治理水平，将这些措施相结合能够更好地推动企业的绿色技术创新。

表 3-8　实证计量结果

变量	GTI（模型 3）			
	IE_pro	IE_law	IE_ass	IE_total
IE	−0.026	−0.039	−0.004	−0.006
	（−1.48）	（−0.70）	（−0.09）	（−1.05）
IE*BG	0.056***	0.107***	0.086***	0.017***
	（3.34）	（3.27）	（3.30）	（3.55）
Size	−0.261***	−0.222***	−0.249***	−0.183**
	（−3.39）	（−2.84）	（−3.10）	（−2.39）
Age	−0.043**	−0.054***	−0.055***	−0.053***
	（−2.58）	（−3.22）	（−3.33）	（−3.22）
Lev	−0.133*	−0.133*	−0.121	−0.142*
	（−1.78）	（−1.76）	（−1.60）	（−1.89）
Q	0.110	0.139	0.115	0.126
	（0.96）	（1.16）	（0.97）	（1.19）
Debt	0.025***	0.022***	0.023***	0.021***
	（3.18）	（2.89）	（3.02）	（2.84）

续表

变量	GTI（模型 3）			
	IE_pro	IE_law	IE_ass	IE_total
Constant	5.861*** （3.24）	5.037*** （2.77）	5.433*** （2.97）	4.207** （2.24）
Observations	255	255	255	255
R-squared	0.173	0.157	0.164	0.166

注：*、**、*** 分别表示在 10%、5%、1% 的水平上显著。

3.4.4　稳健性检验

鉴于不同省份的制度环境不同，本书以《中国分省份市场化指数报告》中各省份的市场化总指数为基础，对各省份的制度环境 IE（T）进行综合测度，采用"两职合一"取代董事会成员的职业背景。稳健性检验结果如表 3-9 所示。在替换主要解释变量后，本书发现，制度环境、董事会治理对资源型企业绿色技术创新具有积极的正向影响。在制度环境对资源型企业绿色技术创新的积极影响中，董事会治理起到了正向的调节作用，并通过了稳健性的检验。

表 3-9　稳健性检验

变量	GTI		
	模型 1	模型 2	模型 3
IE（T）	0.103** （2.03）		
BG（T）		0.599* （1.67）	
IE（T）× BG（T）			0.079* （1.95）
Size	−0.210*** （−2.71）	−0.178** （−2.29）	−0.175** （−2.26）
Age	−0.053*** （−3.13）	−0.060*** （−3.44）	−0.061*** （−3.52）

续表

变量	GTI		
	模型 1	模型 2	模型 3
Lev	−0.126 （−1.64）	−0.144* （−1.87）	−0.142* （−1.84）
Q	−0.006 （−0.06）	0.063 （0.59）	0.065 （0.61）
Debt	0.023*** （2.97）	0.022*** （2.85）	0.022*** （2.89）
Constant	4.425** （2.38）	4.499** （2.42）	4.429** （2.38）
Observations	255	255	255
R−squared	0.124	0.119	0.123

注：*、**、*** 分别表示在 10%、5%、1% 的水平上显著。

3.5 研究结论

3.5.1 研究结论

不同于以往的"制度环境对绿色技术创新的直接效应"的研究思路，本书将制度环境分为子指标和综合指标，在此基础上，通过引入"董事会治理"这一变量，对企业内部和外部环境进行综合研究，包括对知识产权保护水平、市场的法治环境、产业协会对企业的帮助、综合制度环境和董事会治理对绿色技术创新的影响以及它们之间的交互效应进行分析。结论如下：①完善的知识产权制度、保护生产者的合法利益，再加上产业协会的帮扶，为企业开展绿色技术创新提供了很好的外部条件，可以推动企业的绿色技术创新。②与其他职业背景的董事相比，具有研发背景的董事成员更重视研发对企业的长期效益，并在对创新战略的支持中扮演重要角色，促进绿色科技创新。董事长兼总经理的"两职合一"具有较高的财务期望（杨松令等，2018），即"两职合一"的董事极有可能在面对高风险高回报的创新行为时，运用其职权推动创新研发项目的通过与实施，进而推动企业的绿色技术创新。③只有充分利用好的制度环境和高水平的董事会治理，才能更好地激发资源企业的绿色创新动力。因此有以下两点参考建议：第一，加强对市场的法治保障，加强对知识产权的保护，提高产业协会对企业的帮扶力度，推动资源型企业进行绿色技术创新，实现生态优先、绿色发展的目标。第二，通过吸收具有多元化职业背景的董事会成员，提高董事会的管理水平。通过对董事会职权的集中，可以实现制度环境与企业的绿色技术创新的有效衔接。董事会认识到制度环境有助于企业进行创新活动，并在此基础上不断优化董事会治理结构，这对推动资源型企业走上生态优先、绿色发展之路，具有十分重要的现实意义。

3.5.2　研究启示与政策建议

资源型企业绿色技术创新的发展，既与企业自身有关，也与社会经济的发展息息相关。资源型企业的发展与建设环境友好型社会和资源节约型社会的内涵是否具有一致性，是决定资源型企业可持续发展的关键。站在企业层面，进行绿色技术创新是资源企业生存与发展的必由之路；站在社会层面上，资源型企业进行绿色技术创新，是时代发展的必然趋势。本书的研究成果将丰富和完善现有的相关理论，并为我国资源型企业的发展和社会的发展提供有益的参考。因此，本书从制度层面、企业层面提出如下建议：

（1）优化以市场为导向的制度环境，积极引导和激励资源型企业进行绿色创新。完善知识产权保护制度以保障资源型企业绿色技术创新成果免受侵害。提高行业协会对企业的帮助程度以降低绿色技术创新的成本和风险。改善维护市场的法治环境以提高企业绿色创新氛围的公平性和透明度。

（2）通过发挥董事会成员不同职业背景以及"两职合一"作用来提升其治理的水平。具有不同职业背景的董事会成员能够使决策更加科学和多元化，其中，具有研发背景的董事对创新的重视程度更高。另外，对董事长和总经理进行集权，增加决策的时效性和投入强度，能够对国家的政策做出更好的反应，从而为公司的长期发展作出更好的选择。

（3）将有效的制度环境和完善的董事会治理机制进行交互结合，让二者一同促进资源型企业绿色技术创新。充分运用"两职合一"的董事长勇于承担风险的内在精神，对国家的政策进行细致的解读，修正和把握对公司创新活动有利的制度环境，吸收不同职业背景董事会成员的意见，将企业发展与高质量发展结合起来，制定一系列的策略措施，提升企业自身的竞争优势，最终在进行绿色技术创新的基础上，实现企业价值和社会价值。

参考文献

［1］陈怡怡.高管薪酬粘性、董事会治理与创新投入［D］.济南：山东财经大学，2021.

［2］段利民，李晓.政府环保补助对企业绿色技术创新的影响研究——基于创新动机的视角［J］.西安电子科技大学学报（社会科学版），2024，34（2）：1-17.

［3］郭进.环境规制对绿色技术创新的影响——"波特效应"的中国证据［J］.财贸经济，2019（3）：147-160.

［4］郭韬，丁小洲，任雪娇.制度环境、商业模式与创新绩效的关系研究——基于系统动力学的仿真分析［J］.管理评论，2019，31（9）：193-206.

［5］何翔宇.董事会性别多元化与企业创新［D］.重庆：重庆工商大学，2022.

［6］胡琬琳.董事会成员海外背景对企业创新的影响研究［D］.北京：中央财经大学，2022.

［7］嵇尚洲，田思婷.政治关联、董事会治理对企业业绩影响的实证检验［J］.统计与决策，2019（6）：178-181.

［8］姜富伟，张杉，丁慧，等.董事会性别多元化、绿色技术创新与企业绿色转型［J］.金融评论，2024（2）：75-96.

［9］雷曜彰，何谨汝，张雯轩，等.生态文明建设战略下资源密集型中小企业转型策略研究——以四川、山西资源密集型中小企业为例［J］.商展经济，2021（11）：128-130.

［10］李婉红，毕克新，孙冰.环境规制强度对污染密集行业绿色技术创新的影响

研究——基于 2003—2010 年面板数据的实证检验［J］.研究与发展管理，2013，25（6）：72-81.

［11］刘思宇.资源型企业绿色转型的困境和对策［J］.现代工业经济和信息化，2022，12（4）：85-86+106.

［12］毛蕴诗，王婧.企业社会责任融合、利害相关者管理与绿色产品创新——基于老板电器的案例研究［J］.管理评论，2019，31（7）：149-161.

［13］秦兴俊，王柏杰.股权结构、公司治理与企业技术创新能力［J］.财经问题研究，2018（7）：86-93.

［14］孙曼曼.董事会独立性对企业绿色创新的影响［D］.成都：西南财经大学，2023.

［15］万禹宁.董事会非正式层级、ESG 与企业绩效关系研究［D］.长春：吉林大学，2024.

［16］王锋正，陈方圆.董事会治理、环境规制与绿色技术创新——基于我国重污染行业上市公司的实证检验［J］.科学学研究，2018，36（2）：361-369.

［17］王锋正，刘宇嘉，孙玥.制度环境、开放式创新与资源型企业转型［J］.科技进步与对策，2020，37（5）：114-123.

［18］王锋正，邱鹏云，刘曦萌.环保法影响资源型企业绿色创新效应研究——基于外部知识搜寻的视角［J］.科学决策，2024（9）：114-136.

［19］王浩军，宋铁波，易锐.行业协会关联对企业绿色创新影响机制研究［J］.科研管理，2024，45（8）：172-181.

［20］王琳，蒋雨轩，杨文升.资源型企业绿色转型动力机制的演化博弈分析［J］.管理现代化，2024，44（3）：92-102.

［21］王钦，张崔.中国工业企业技术创新 40 年：制度环境与企业行为的共同演进［J］.经济管理，2018，40（11）：5-20.

［22］徐细雄，淦未宇.制度环境与技术能力对家族企业治理转型的影响研究［J］.科研管理，2018，39（12）：131-140.

［23］薛永轩.环境规制与企业绿色技术创新——基于碳交易制度的研究［J］.现代工业经济和信息化，2022，12（6）：90-92.

［24］严若森，姜潇.关于制度环境、政治关联、融资约束与企业研发投入的多重关系模型与实证研究［J］.管理学报，2019，16（1）：72-84.

［25］杨松令，孙思婧，刘亭立．创始人技术知识资产、两职合一与创新绩效［J］．科技进步与对策，2018，35（21）：87-96.

［26］易倩，卜伟．知识产权保护执法力度、技术创新与产业升级［J］．经济经纬，2019，36（3）：95-101.

［27］张瑞纲，曾晖．董事高管责任保险与企业创新关系研究——兼议董事会规模的调节作用［J］．兰州财经大学学报，2022，38（3）：92-104.

［28］张伟．政府补助与专精特新"小巨人"企业创新：制度环境的视角［J］．重庆科技大学学报（社会科学版），2024（4）：28-43.

［29］周海炜，齐增睿．《资源税法》实施对资源型企业绿色技术创新的影响［J］．工业技术经济，2024，43（8）：58-67.

［30］周精．市场型环境规制、绿色技术创新与先进制造业企业财务绩效［D］．长沙：湖南农业大学，2023.

［31］Chen S., Fu F., Xiang T., et al. Do government subsidies crowd out technological capabilities? Effects on Chinese high-tech firms' invention outcomes［J］.Chinese Management Studies，2020，14（4）：895-913.

［32］Du K., Cheng Y., Yao X. Environmental regulation, green technology innovation, and industrial structure upgrading: The road to the green transformation of Chinese cities［J］.Energy Economics，2021（98）：105-247.

|第 4 章|
环境治理与资源型企业绿色技术创新
——政企关系视角

4.1 研究背景

依托环境规制因地制宜推进企业绿色创新已成为中国稳步推进高质量发展和实现人与自然和谐共生现代化建设的关键（宁靓和丰帆，2022）。为了改变环境污染日益严重的现状，中央政府先后颁发实施了一系列环境治理政策，旨在通过较完善的环境保护制度，约束企业排污行为，推动高污染行业企业不断进步。2023 年,《中共中央　国务院关于全面推进美丽中国建设的意见》明确指出，统筹产业结构调整、污染治理、生态保护、应对气候变化，协同推进降碳、减污、扩绿、增长，维护国家生态安全，抓好生态文明制度建设，以高品质生态环境支撑高质量发展，加快形成以实现人与自然和谐共生现代化为导向的美丽中国建设新格局，筑牢中华民族伟大复兴的生态根基。面对环境治理日渐严厉的现状，重污染行业企业试图通过绿色技术创新达到环境保护的要求与标准。"波特假说"认为，设计合理的环境治理政策既能防治污染，亦能促进企业技术创新（Porter 和 Linde，1995）。但是目前学术界对"波特假说"成立与否莫衷一是，尚未形成统一结论，深入探究环境治理对绿色技术创新的影响效应和作用机制是学术界关注的焦点。

面对日渐趋严的环境治理，企业绿色技术创新的积极性不仅取决于企业自身意愿和资源禀赋，更受地方政府环境治理政策执行力度的影响。作为对经营决策有着重要作用的内外两大因素——环境治理与政企关系共同影响企业绿色技术创新的交互效应，这成为一个值得深入研究的问题。

4.2　文献综述与研究假设

4.2.1　环境治理与资源型企业绿色技术创新

面对我国环境承载能力已经达到或接近上限的客观事实，环境治理政策与绿色技术创新已经成为驱动企业创新发展、绿色发展的重要力量。依据环境治理理论，环境治理政策是政府部门为防控污染和保护环境，干预或约束市场主体行为的主要手段。政府出台环境治理政策的根本目的在于最大限度降低环境污染的负外部性，与此同时激发企业积极开展绿色技术创新，实现提质增效与保护环境的"双赢"。然而，学术界关于环境治理对绿色技术创新的影响研究尚未形成一致认识。回顾国内外已有研究，主要存在三种观点：①抑制观，即高强度的环境治理，势必导致企业为达到环保排放标准而增加额外治污支出，进而挤占 R&D 资金或技改资金的投入，阻碍技术进步，降低生产效率（Hanamoto，2006）。②促进观，即合理的环境治理政策能有效促进企业研发专利技术、推动绿色技术进步和扩散减排技术，从而获取创新补偿效应（余长林等，2023）。③复杂观，即环境治理对绿色技术创新的影响，会因政策类型和治理强度的不同而表现出较大的差异性（刘敏，2024）。可见，关于环境治理对绿色技术创新影响的研究争论较大，而且研究结论具有显著的行业异质性特征。为此，本书聚焦于具有典型环境治理色彩的中国火力发电企业，其面临着日渐严苛的"三废"排放红线与节能降耗标准，增强发电工艺流程的技术改造升级已成必然选择，从而在达到环境治理标准的同时提高资源综合利用率和发电效率，进而获取抵消治污成本的额外新增收益，形成"创新补偿"效应。基于此，提出研究假设 H1：

H1：环境治理正向影响企业绿色技术创新。

4.2.2　政企关系与资源型企业绿色技术创新

依据资源依赖理论，作为一个开放系统，企业必然对外部某些不可替代的资源产生高度依赖性，进而通过内外部的资源交换，确保自身的正常运行（Pfeffer 和 Jalancik，2003）。经济转型期，政府所掌握的环境治理与创新激励政策制定权和配置权，是企业重要且不可替代的稀缺性资源，必将促使企业建立起与政府某种非正式且合法的政企关系，以期降低外部政策的不确定性和获取不可替代的必需资源。然而，面对环境治理，良好的政企关系能否真正促进企业绿色技术创新，进而实现提质增效和环境保护，学术界尚未针对此问题给出一致的结论。回顾国内外已有研究，主要存在以下三种论点：①促进论，该论点认为，良好政企关系的确立，使企业能获取政府额外研究与试验发展（R&D）或技改补贴，弥补创新资源缺口，消除创新后顾之忧，提高绿色技术创新积极性，从而实现经济与环境绩效的"双重帕累托改进"（李勇和万胜强，2022）。②抑制论，该论点认为，政企关系的建立，必将耗费大量的人、财、物资源，进而挤占 R&D 或技改资金，抑制了企业的创新积极性（李春风等，2023）。③不确定论，该论点认为，基于不同岗位的高管政企关系、不同行业的政企关系、不同行政级别的政企关系对企业创新绩效具有差异性影响（田贵贤和谢子远，2023）。可见，已有研究关于政企关系对绿色技术创新的影响尚未形成统一结论，而且分歧较大。为此，本书聚焦于政企关系较为普遍的中国火力发电行业企业。由于良好的政企关系能够帮助企业从政府手中获得有助于其生存发展的稀缺性资源，加之地方政府在政策调整执行和财税等资源配置方面握有较大权力，若能建立起与地方政府的良好政企关系，企业必将主动加大 R&D 或技改资金投入，并重实现"三废"排放达标与资源综合利用率和发电效率的提升，从而践行创新发展和绿色发展理念。基于此，提出研究假设 H2：

H2a：政企关系正向影响企业绿色技术创新。

H2b：相比中央级政企关系，地方级政企关系对企业绿色技术创新的影响更明显。

4.2.3 环境治理与政企关系的交互效应

依据技术创新理论和资源依赖理论，绿色技术创新所独有的高风险、低成功率等特征，决定了企业唯有创新要素充裕或能得到政府补贴，方才积极开展绿色技术创新。这是因为面对环境治理日渐趋严的形势，企业绿色技术创新活动的开展，不仅要承担治污成本，也需承担因创新的高风险和低成功概率所导致的大量沉没成本。为此，企业必将通过与政府建立起某种非正式且合法的政企关系，基于适时掌握全面、更精准的相关政策资讯，抑或获得外部不可替代的创新资源，方能有效化解外部政策风险，实现提质增效和保护环境的"双赢"，而且已经确立的政企关系通过公司董事会决策会进一步影响企业绿色技术创新的投入和绩效（吕梦醒，2023）。尽管也有学者认为，为了提升科技政策匹配透明度，科技资源配置方式将由以政府为主转向以市场为主，从而避免企业依托政企关系寻租（陈庆，2023），但是拥有良好政企关系的企业，总归能在获取和传递外部政策信息的过程中，通过优化绿色技术创新决策、合理配置绿色技术创新资源和改善绿色技术创新激励手段等，进而实现及时响应政策、迅速跟进行动、遏制污染和实现效益提升的"多赢"结果。此外，由于地方政府在贯彻执行环境治理政策、分配财政创新补贴和减免税收等方面具有较大自主权，若能与地方政府建立起良好的政企关系，必能增强企业绿色技术创新积极性，增加 R&D 和技术改造经费投入，逐渐走上绿色技术创新之路。基于此，提出研究假设 H3：

H3a：政企关系正向调节环境治理对绿色技术创新的影响。

H3b：相比中央级政企关系，地方级政企关系的正向调节作用更明显。

4.3　研究设计

4.3.1　样本选取与数据来源

本书以中国沪深A股火电行业上市公司为样本，选取2015~2022年相关数据，探究政企关系、环境治理对企业绿色技术创新的影响及其交互效应。研究样本的具体筛选过程如表4-1所示。对火力发电行业的34家沪深A股上市公司进行筛选，最终样本公司23家，共计184个观测值。

表4-1　样本筛选过程

序号	样本筛选依据	样本数	观察值
1	遵照环保核查标准，筛选火力发电A股上市公司	34	272
2	剔除财务状况异常（ST、*ST）的公司	4	32
3	剔除2015年以后上市的公司	1	8
4	剔除绿色技术创新投入不全或者缺失的公司	4	32
5	剔除高管信息不全或者缺失的公司	2	16
6	剩余的火电上市公司	23	184

本书数据来源如下：绿色技术创新数据来自于火力发电行业上市公司社会责任报告或可持续发展报告和年度报告；环境治理的数据源自《中国环境统计年鉴》和《中国统计年鉴》；政企关系的数据源自CSMAR数据库、公司年报以及企业官网等公开信息；其他控制变量的数据均来自于CCER数据库、CSMAR数据库和上市公司年度报告。上述数据均通过人工收集整理计算所得。

4.3.2　模型构建

为检验本章提出的研究假设，以C-D生产函数为基础，构建了5个实证检验模型。其中，Model 1 用来检验研究假设 H1；Model 2 和 Model 3 分别用来检验研究假设 H2a 和假设 H2b；Model 4 和 Model 5 主要用于检验是否建立政企关系和政企关系的层级性在环境治理对企业绿色技术创新的影响中是否存在调节作用，即检验假设 H3a 和假设 H3b。在 Model 3 和 Model 5 中，若变量 PCL 和交互项 ERI×PCL 的系数显著大于 0，则表明相较于中央级政企关系，地方级政企关系对企业绿色技术创新的直接影响和其在环境治理对绿色技术创新影响中的调节作用更明显；若变量 PCL 和交互项 ERI×PCL 的系数显著小于 0，则中央级政企关系对企业绿色技术创新的直接影响和其在环境治理对绿色技术创新影响中的调节作用更明显；若系数不显著，则表明中央级政企关系和地方级政企关系无差异。此外，由于研究样本中存在尚未建立政企关系的公司，所以 Model 1、Model 2 和 Model 4 共计 184 个观测值，而 Model 3 和 Model 5 共计 152 个观测值。模型如下：

Model 1：$GTI_{it}=\beta_0+\beta_1 ERI_{it}+\beta_2 Control_{it}+\varepsilon_{it}$

Model 2：$GTI_{it}=\beta_0+\beta_1 PC_{it}+\beta_2 Control_{it}+\varepsilon_{it}$

Model 3：$GTI_{it}=\beta_0+\beta_1 PCL_{it}+\beta_2 Control_{it}+\varepsilon_{it}$

Model 4：$GTI_{it}=\beta_0+\beta_1 ERI_{it}+\beta_2 ERI_{it}\times PC_{it}+\beta_3 Control_{it}+\varepsilon_{it}$

Model 5：$GTI_{it}=\beta_0+\beta_1 ERI_{it}+\beta_2 ERI_{it}\times PCL_{it}+\beta_3 Control_{it}+\varepsilon_{it}$

4.4 回归结果与分析

4.4.1 描述性统计

通过运用 STATA18.0 实证分析软件，对主要变量进行描述性统计，具体结果如表 4-2 所示。由表 4-2 可知，绿色技术创新（GTI）的最小值为 0.02，最大值为 165.4，均值为 10.52，标准差为 18.39，表明火力发电企业绿色技术创新投入占主营业务收入的比重存在较大差异性；政治关联（PC）的均值为 0.83，表明 83% 的样本公司建立起了政企关系，说明政企关系在火力发电行业普遍存在；政企关系的层级性（PCL）的均值为 1.78，大于 1，表明火力发电企业更倾向与地方政府建立政企关系；不同时期火力发电企业所面对的环境治理强度也具有一定区别；控制变量企业规模（Size）、企业年龄（Age）、净资产收益率（Roe）、独董比例（Ind）和监事会规模（Bss）等也具有同样的特征体现。

表 4-2　描述性统计

变量	观测值	均值	标准差	最小值	最大值
GTI	184	10.520	18.390	0.020	165.400
ERI	184	1.590	0.140	1.510	1.790
PC	184	0.830	0.390	0.000	1.000
PCL	184	1.780	1.980	1.000	3.000
Size	184	22.890	1.610	18.310	26.470
Age	184	16.980	3.190	8.000	23.000
Roe	184	0.580	1.900	−0.290	10.110
Ind	184	0.380	0.060	0.240	0.580
Bss	184	4.600	1.400	2.000	7.000

4.4.2　相关性分析

运用 STATA18.0 软件，对本章主要变量和控制变量进行了相关性检验，结果如表 4-3 所示。环境治理强度（ERI）、政企关系的层级性（PCL）和独董比例（Ind）与火力发电企业的绿色技术创新（GTI）呈显著正相关关系，这表明环境治理、政企关系的层级性和独董比例对火力发电企业绿色技术创新可能存在正向影响作用；公司规模（Size）、创建年限（Age）和监事会规模（Bss）与火力发电企业的绿色技术创新（GTI）呈显著负相关关系，表明企业规模、企业年龄和监事会规模可能抑制企业的绿色技术创新；是否建立政企关系（PC）和净资产回报率（Roe）对火力发电企业绿色技术创新（GTI）的影响不显著。

表4-3　变量相关系数

变量	GTI	ERI	PC	PCL	Size	Age	Roe	Ind	Bss
GTI	1.000								
ERI	0.276***	1.000							
PC	0.058	0.029	1.000						
PCL	0.151**	−0.060	0.419***	1.000					
Size	−0.210***	−0.149**	0.189**	−0.071	1.000				
Age	−0.341***	−0.559***	−0.029	−0.053	0.119	1.000			
Roe	0.054	−0.009	−0.221***	0.009	−0.111	−0.228***	1.000		
Ind	0.249***	0.087	−0.354***	−0.145**	−0.258***	−0.179**	0.151**	1.000	
Bss	0.141*	0.038	−0.012	0.021	0.289***	0.056	−0.126	−0.087	1.000

注：*、**、*** 分别表示在10%、5%、1%的水平上显著。

4.4.3　回归分析

依据前文构建的五个实证检验模型，运用STATA18.0软件对所提出的研究假设进行实证检验，回归结果如表4-4所示。

表4-4　实证回归结果

变量	Model 1	Model 2	Model 3	Model 4	Model 5
ERI	47.012*** （3.090）			37.976** （2.780）	46.031** （2.690）
PC		12.198** （2.430）			
PCL			4.315* （1.870）		
ERI×PC				6.108* （1.96）	
ERI×PCL					2.584** （2.190）
Size	−11.489** （−2.210）	−13.623** （−2.510）	−11.672* （−1.820）	−12.593** （−2.310）	−10.469 （−1.450）

变量	Model 1	Model 2	Model 3	Model 4	Model 5
Age	2.301** （2.720）	0.353 （0.350）	−0.110 （−0.100）	2.248** （2.810）	1.798** （2.420）
Roe	2.032 （0.920）	2.590 （1.420）	−0.841 （−0.610）	2.109 （1.430）	−1.094 （−0.530）
Ind	158.486*** （3.100）	161.296*** （3.040）	173.301** （2.670）	158.564*** （3.260）	159.423** （2.370）
Bss	−7.784 （−1.020）	−7.547 （−1.130）	−10.103 （−1.210）	−8.252 （−1.320）	−10.195 （−1.560）
Constant	145.315 （1.270）	292.509** （2.480）	265.307* （1.650）	183.232 （1.370）	148.201 （0.680）
Observations	0.342	0.253	0.246	0.285	0.276
R-squared	184	184	152	184	152

注：*、**、*** 分别表示在 10%、5%、1% 的水平上显著。

依据表 4-4 中 Model 1 的回归结果，环境治理强度对我国火电发电企业绿色技术创新的影响系数为 47.012，且在 1% 的水平上显著。这表明就中国火力发电这一典型重污染行业而言，环境治理政策的颁布实施能够显著促进企业绿色技术创新，研究假设 H1 得到了验证。该结果充分说明，尽管环境治理政策在一定程度上会因增加治污投入而加大企业额外成本负担，但受外部环境治理的强约束，为了达到防治污染和保护环境的要求，火电发电企业必将积极开展绿色技术创新，改造升级火力发电技术工艺流程，这样既可有效防控"三废"污染物的产生和排放，也可通过绿色供给获得抵消治污成本之外的额外新增收益。控制变量中，公司规模（Size）显著负向影响企业绿色技术创新，其原因主要是发电规模越大的企业，面对环境治理约束，实现治污减排的成本负担越大，进而抑制了其绿色技术创新。公司年龄（Age）显著正向企业绿色技术创新，这表明企业创立年限越长，技术改造经验与创新能力的积淀越丰厚，越倾向于积极开展绿色技术创新活动。独董占比（Ind）正向显著影响火力发电企业绿色技术创新，这表明独立董事比例越高，董事会的绿色治理越有效，越能为企业带来丰富的专业知识，有利于创新难题的突破，进而促进企业绿色技术创新。净资产收益率（Roe）和监事会规模（Bss）对企业绿色技术创新的影响不显著。

Model 2 和 Model 4 分别检验了是否存在政企关系对绿色技术创新的直接影响及其与环境治理的交互效应。由表 4-4 中 Model 2 的回归结果可知，政企关系（PC）对我国火力发电企业绿色技术创新的影响系数为 12.198，显著水平为 5%。这表明在以火电为主的中国电力行业中，建立良好的政企关系能够显著促进火力发电企业的绿色技术创新，研究假设 H2a 得到了验证。由表 4-4 中 Model 4 的回归结果可知，政企关系与环境治理的交互项（ERI×PC）对中国火力发电企业绿色技术创新的影响系数为 6.108，显著水平为 10%，而且 R^2 由 0.253 增加到 0.285。这表明中国火力发电企业建立的政企关系在环境治理对企业绿色技术创新的影响中存在显著正向调节作用，研究假设 H3a 得到了验证。上述结论说明，通过与中央或地方政府建立良好的政企关系，企业基于适时获取环境治理政策资讯和政府所掌握的不可替代的稀缺资源，既可顺应日趋严厉的环境治理形势，也可获得抵消创新投入成本的额外新增收益，从而提升绿色技术创新的积极性。Model 2 和 Model 4 中的控制变量对企业绿色技术创新的影响结果与 Model 1 的结果基本一致，此处不再赘述。

Model 3 与 Model 5 分别检验了政企关系的层级性对绿色技术创新的影响及其与环境治理的交互效应。由 Model 3 的回归结果可知，PCL 对我国火力发电企业绿色技术创新的影响系数为 4.315，显著水平为 10%。这表明，相较于中央政府，与地方政府建立良好的政企关系，更能激发我国火力发电企业绿色技术创新的积极性，假设 H2b 得到验证。由 Model 5 的回归结果可知，政企关系的层级性与环境治理的交互项（ERI×PCL）对我国火力发电企业绿色技术创新的影响系数为 2.584，显著水平为 5%，R^2由 0.246 增加到 0.276。这表明，相较于中央政府，与地方政府建立良好的政企关系，更能增强环境治理对企业绿色技术创新的影响作用，研究假设 H3b 得到了验证。上述结果说明，相较于中央政府，地方政府对企业经营活动的影响更为直接和频繁，企业与地方政府的政企关系越紧密，越易于获得不可或缺的重要资讯和创新要素，越能有效支撑绿色技术创新的顺利开展，从而赢得更具时空优势的经济与生态的"双重"收益。同样，Model 3 和 Model 5 中的控制变量对企业绿色技术创新的影响结果与 Model 1 的结果基本一致，不再赘述。

4.5　研究结论与政策建议

4.5.1　研究结论

本书突破传统"环境治理对绿色技术创新直接影响"的单一研究思维，基于资源依赖理论，引入"政企关系"变量，整合内外部两种因素，研究了政企关系、环境治理对绿色技术创新的影响及其交互效应。实证结果表明，政企关系与环境治理均能显著促进企业开展绿色技术创新；已经建立的政企关系，能够强化环境治理对企业绿色技术创新的影响；相较于中央政府，与地方政府建立的政企关系，其正向调节作用更明显。

4.5.2　政策建议

面向政府的建议。为深入贯彻落实创新发展、绿色发展理念，政府应严把环境污染关，进一步强化对重污染行业企业的环境治理力度，合理优化管制水平，引导督促重污染行业企业逐渐步入绿色技术创新轨道，获取经济与生态并重的"双重"收益，进而推动全行业乃至国家经济走向可持续发展。

面向企业的建议。首先，企业要增强自身的环保意识，严格遵循相关环境治理政策，着力走上顺应大势的创新发展、绿色发展之路。其次，企业应该积极与政府、特别是地方政府建立良好的政企关系，及时获取相关政策资讯和政府拥有的不可替代的稀缺资源，提高决策时效与投入力度，积极开展绿色技术创新，从而既遵循国家环境治理政策的要求和标准，又能通过绿色供给满足绿色市场需求以获取收益，最终实现提质增效和环境保护的"双赢"。

参考文献

[1]陈庆.环境规制如何影响企业绿色创新？——来自制造业上市公司的经验证据[J].中国发展，2023，23（1）：82-90.

[2]范丹，杨中园，凡盼来.委托代理视角下碳信息披露的减排效应：理论机理与经验证据[J].系统工程理论与实践，2024，44（7）：2194-2212.

[3]李春风，陈羿璇，周奕翀.环境规制、企业金融化与研发创新——基于数字金融的调节作用[J].科学与管理，2023，43（2）：79-86.

[4]李勇，万胜强.环境规制、政治关联与企业绿色技术创新——基于高能耗上市企业的经验证据[J].甘肃金融，2022（7）：8-13.

[5]刘敏.环境规制、绿色技术合作创新对重污染企业环境绩效的影响研究[D].长沙：中南大学，2022.

[6]吕梦醒.现代环境治理体系中企业环境责任制度的构建[J].荆楚法学，2023（2）：124-135.

[7]宁靓，丰帆.环境规制对区域工业企业创新效率的影响——基于技术密集度与金融发展的联合调节效应[J].科技和产业，2022，22（9）：123-129.

[8]田贵贤，谢子远.政企关系、市场竞争与企业绿色技术创新[J].江西社会科学，2023，43（4）：102-112.

[9]余长林，李博涵，吴瑞君.环境规制、资源禀赋与中国工业绿色全要素生产率[J].经济研究参考，2023（4）：82-104.

[10]Hanamoto M. Environmental regulation and the productivity of Japanese manufacturing industries [J]. Resource and Energy Economics，2006，28（4）：299-312.

[11]Pfeffer J.，Salancik G. R. The external control of organizations：A resource dependence perspective [M]. Stanford：Stanford University Press，2003.

[12]Porter M. E.，Linde C. Toward a new conception of the environment-competitiveness relationship [J]. Journal of Economic Perspectives，1995，9（4）：97-118.

第 5 章
开放式创新与资源型企业技术创新能力
——技术环境视角

5.1 研究背景

企业是我国经济发展的重要动力（吴非等，2021），其不仅是国家经济发展的重要支柱，也是工业化进程和现代化进程中的关键参与者。在当前市场动力不足的情况下，资源型企业迫切需要转型，而创新为其升级提供了新的路径。技术创新是企业成长的动力源泉，也是获得可持续竞争优势的关键（李雪松等，2022）。然而，随着科技创新领域的不断扩展、迭代加速以及精度提高，单凭企业内部资源难以支撑全面创新的需求（Teece，1986）。无论一个企业所拥有的历史底蕴多么丰厚，其也很难彻底地掌握所有创新所需的资源，特别是对自然资源具有很强依赖性的资源型企业来说，其创新能力存在不足，内部创新资源更是"捉襟见肘"，难以满足现实创新的需求。对于这种希望利用技术创新实现生存和发展，但自身创新能力相对薄弱的矛盾局面，Chesbrough（2003）提出的开放式创新理念为企业提供了解决方案。这一理论强调企业应打破封闭壁垒，开展跨界合作，从而有效缓解资源型企业面临的创新困境。

资源型企业要提升技术创新能力，不仅需要审视外部资源是否契合自身创新活动发展的要求，更应该致力于实现内外部环境资源的高效整合与配置,以此驱动企业的技术创新。良好的外部创新环境能为资源型企业进行技术创新提供适宜的平台。企业并非孤立存在的封闭系统,而是需要外部环境与内部决策相互协调匹配的主体。在全球创新的大潮流下,资源型企业亟须实现传统观念的转化,突破封闭式创新的障碍,以开放式的心态融入行业发展环境中,以此达到提升企业技术创新能力的目的。基于以上分析,本章以中国沪深 A 股资源型上市企业为样本,研究了开放式创新与技术环境对企业技术创新能力的影响机制,意图通过为企业创造一个良好的创新环境,以此促进企业积极开展开放式创新,最终结论可以为资源型企业技术创新能力的提升提供参考借鉴。

5.2　文献综述与研究假设

5.2.1　开放式创新与资源型企业技术创新能力

Chesbrough 于 2003 年首次提出了"开放式创新"的概念,强调企业应从内部和外部获取知识,实现有价值的想法和资源融合,并将其商业化(肖鹏和孙晓霞,2021)。资源型企业短期利润导向、高度的资源依赖性等导致其创新基础薄弱、创新能力较低,因此它们需要突破传统创新思维的禁锢,与外部主体进行广泛合作,实现内外部资源的有效整合以提升技术创新能力与成效。本章基于外部创新动力源的视角,探讨资源型企业如何通过与科研院校、用户、供应商以及其他企业等多种外部主体的合作研发,实现产品创新能力提升与工艺创新能力提升的双轮驱动发展(许庆瑞,1986)。

产学研合作是开放式创新途径中最为广泛应用的一种形式。这种合作不仅能够为企业带来新的理念、知识和技术,实现资源共享和优势互补(任志宽等,2024),更能使企业在产品开发上取得突破性进展,同时促进工艺流程的持续优化，最终达到提升产品和工艺创新能力的目标。对于用户而言，由于他们对自己的需求有深刻的理解，因此能够在与企业合作过程中提供宝贵的市场信息和创新灵感，帮助企业研发更贴合市场需求的新产品以满足消费者需求，从而促使企业更加聚焦于产品创新和工艺改进（Von Hipperl，1988）。供应商作为产业链中的重要一环，同样拥有独特的创新资源，通过有效的合作机制，企业可以获取丰富的显性与隐性知识，为创新提供源源不断的动力（Sabahi 和 Parast，2020）。显性知识的特点在于其具有可编码性和可传播性，方便个体的学习与掌握，从而帮助企业实现对资源知识的深度利用与加工，以此提升企业工艺创新能力；而隐性知识共享使个人的信念、价值观与经验发生变化，会显著促进企业对新知识的探索与开发的热情，从而推动新产品的开发研究。在与其他企业的合作中，不仅可以实现技术和知识的互补，还可以实现创新活动高风险和成本的分散（徐远彬等，2024），进一步完善工艺流程。

综上所述，与外部主体之间形成的合作无疑为企业创新注入了强大的活力。在日益激烈的市场竞争环境中，那些依赖丰富自然资源或特定资源禀赋而在市场上占据领先地位的资源型企业，正面临着前所未有的考验。面对这样一种局面，资源型企业必须将自身放置于开放性系统中，积极寻求与外部主体的广泛联系与合作。在这一过程中，知识和资源相互交融与碰撞，不仅给资源型企业转型升级带来机遇，也极大地激发了资源型企业提升产品和工艺创新能力的积极性与创造性，最终实现技术创新能力的质与量的双重积累和改进。基于以上分析，本章提出以下假设：

H1a：开放式创新显著正向影响资源型企业工艺创新能力的提升。

H1b：开放式创新显著正向影响资源型企业产品创新能力的提升。

5.2.2　技术环境与资源型企业技术创新能力

企业的技术创新能力既受制于开放式模式的推动，亦受制于外部环境的影响。创新并非孤立存在的，其发展需要依托完善的创新网络与社会文化。当下社会环境对地区整体发展的影响日益扩大，从而影响该地区企业技术创新能力的提升与发展。技术环节作为企业在区域竞争中获取可持续优势即发展潜力的关键所在，不仅涵盖了必要的物质条件，还包括了不可或缺的文化背景。依据中国科学技术发展战略研究院发布的"中国区域创新能力评价报告"，技术环境可被细致划分为五个核心要素：基础设施与市场环境相辅相成，共同构建起企业发展的坚实基础；劳动者素质与金融环境互为表里，前者是人才支撑，后者则是资金保障；创业水平则贯穿其间，成为激发创新活力、促进技术进步的重要力量。

技术环境为各创新主体提供了丰富的交流渠道，包括正式与非正式渠道，如学术会议、网络论坛等，这些多样化的沟通渠道极大地促进了知识与信息的自由流动与共享，从而有效提升了企业在产品及工艺方面的创新能力。详细来说，完善的基础设施和便利的交通使信息和生产要素能够在更广阔的空间内流动，这不仅降低了交易成本，还提升了创新资源的配置效率（黄赜琳等，2021），进而增强了企业的产品和工艺创新能力。市场需求是激发创新的关键动力之一，面对市场上的新需求，企业会积极投入研发以满足消费者期望，同时也会不断优化生产工艺与流程，以此推动其产品及工艺创新能力的发展（贾利军和陈恒烜，2022）。劳动力素质对于构建良好的技术环境至关重要（王林辉等，2023）。当今科学技术发展日新月异，人才在创新过程中所扮演的角色越发重要。当一个地区拥有较高水平的人力资源时，在吸引顶尖人才加入当地企业从事研发工作方面就具有天然优势。这些优秀人才不仅能够带来前沿科技知识和先进管理经验，还能为企业提供强有力的智力支持，助力其实现产品和服务质量的双重飞跃。此外，充裕的资金保障同样是确保技术创新顺利进行的关键因素之一。良好的金融环境可以为企业的产品和技术开发提供必要的财政援助，减轻融资压力，帮助企业建立长期竞争优势（姚金海和钟国辉，2022）。浓厚的创业文化氛围能够激发全社会参与创新的热情，形成一种积极向上、勇于探索的精神风貌。它鼓励公民勇敢地将自己的想法转化为实际行动，并通过创业的方式将其变为现实成果，进而推动整个行业乃至国家层面的创新能力不断提升，进一步提高社会与行业的创新效率。

国内学界在探索技术环境对企业创新能力的影响时，普遍借鉴并融合了由中国科学技术发展战略研究院提出的理论架构。在此过程中，学者着眼于从多角度分析技术环境与企业创新潜能之间的内在联系。对于依赖自然资源的企业来说，在其追求产品升级换代及工艺流程创新之路上，技术环境起着至关重要的作用。一方面，优良的技术环境有助于此类公司优化配置利用各种创新要素；另一方面，优良的技术环境包括良好的硬件设施基础、充满活力的竞争市场、卓越的人力资源储备、顺畅的资金流通渠道以及浓厚的社会创业文化在内的综合优势，为资源型企业提升工艺创新能力与产品创新能力提供了不可或缺的物质和非物质保障。基于以上分析，本章提出以下假设：

H2a：技术环境显著正向影响资源型企业工艺创新能力的提升。

H2b：技术环境显著正向影响资源型企业产品创新能力的提升。

5.2.3 开放式创新与技术环境的交互效应

在企业与外界合作携手共进，以提高技术创新能力的过程中，技术环境始终扮演着至关重要的角色。一个积极且高效的技术环境不仅能够促进企业汇聚创新资源，还能推动其与外部各类创新主体之间的紧密协作，激发企业内部的创新活力，从而显著提升企业的技术创新能力。Sisodiya 等（2013）对 204 家高科技企业进行了实证研究，发现丰富的知识元素环境显著增强企业的合作能力，并提升开放式创新对企业绩效的积极影响。同样地，Garriga 等（2013）通过对瑞典跨行业企业数据的分析表明，企业可以从外部获取的资源越丰富，那么企业在外部能够搜寻的范围与深度将会进一步拓展，这一过程进一步影响了企业的技术创新能力。企业在研发创新的过程中面临着诸多挑战与限制。因此，一方面，企业需要积极与外部合作伙伴建立联系，以便获取必要的先进知识和技术支持；另一方面，外部技术环境对企业合作研发活动效果会产生显著的影响。由此可见，实现内部决策机制（即开放式创新模式）与外部技术条件之间的良好匹配，成为提高企业技术创新水平的关键所在。只有当这两方面因素相互协调统一时，才能真正激发并提升企业创新能力，使其在激烈的市场竞争中脱颖而出。

综上所述，尽管学者们已经对开放式创新、企业技术创新能力以及技术环境与企业技术创新能力两两之间的关系进行了广泛的实证研究，但将它们结合起来进行统一实证分析的研究仍然较少，需要进一步的研究来填补空白。对于资源型企业而言，其内部缺乏足够的能力进行创新，从外部获取知识与技术来增强自身创新基础与能力显得尤为重要。与外部创新主体形成合作，可以快速解决自身研发过程中人力、财力和物力资源不足的问题，极大地缩减改进工艺和开发新产品的时间。因此，实现内外部资源的有效整合，可以极大地降低技术不确定性，以此提升资源型企业产品与工艺创新能力。但在这一过程中，外部技术环境是企业的关注重点，实现技术环境与企业开放式创新的有机匹配与协调，成为企业成功提升创新能力的关键。当企业处于良好的技术环境中时，将会减少企业创新面临的困难，如创新资源获取难度，从而有效开展开放式创新，提升工艺与产品创新能力。基于以上分析，本章提出以下假设：

H3a：技术环境在开放式创新中显著正向影响资源型企业工艺创新能力。

H3b：技术环境在开放式创新中显著正向影响资源型企业产品创新能力。

5.3　研究设计

5.3.1　样本选取与数据来源

资源型企业（王锋正和许卫华，2017）是指基于特定自然资源进行勘探、开采和加工利用的企业。尽管这一概念在社会各界广泛流传，但至今尚未形成统一的定义。本书在综合参考已有研究的基础上，将资源型企业定义为通过对不可再生资源的占有而从事开采加工活动，并基于此以提供产品或服务的方式获取经济利益的企业实体。并根据 2017 年版《国民经济行业分类》标准，资源型企业可进一步细分为两大类别——开采洗选业和初级加工业，前者专注于从自然界提取原材料，后者则致力于将这些原材料转化为更具实用价值的半成本或者成品，具体分为 12 个行业。

本书选取 2017~2022 年沪深两市 A 股资源型上市公司作为研究样本。对于被解释变量中 2017 年技术改造经费投入以及研发投入数据，则通过细致阅读企业年度报告并手动整理而得，2018~2021 年度的数据来源于国泰安数据库。解释变量开放式创新数据则借助于佰腾网专利检索系统进行收集，通过手工整理而得。技术环境各组成要素依据"中国区域创新能力评价报告"来赋值。控制变量数据来源于国泰安和色诺芬两大数据库。对原始数据进行严格的处理和加工，以确保其准确性和可靠性。样本的筛选过程如表 5-1 所示。

表 5-1　样本筛选

步骤	筛选依据	上市公司个数	观察值个数
步骤一	按照整理后的资源型行业代码，筛选 A 股上市公司	378	2268
步骤二	剔除财务状况异常（ST、*ST）的公司	71	426
步骤三	剔除 2017 年以后上市的公司	89	534
步骤四	剔除研发费用数据不全或者缺失的公司	59	354
步骤五	剔除技术改造经费数据不全或者缺失的公司	10	60
步骤六	剔除 6 年内没有合作申请专利的公司	63	378
步骤七	剩余的样本公司	86	516

5.3.2　模型构建

本章旨在深入探讨开放式创新与技术环境如何影响资源型企业的工艺创新与产品创新能力。为此，本章构建了六个相互关联的研究模型。模型 1 专注于分析开放式创新对资源型企业工艺创新能力的影响；模型 2 探究技术环境对资源型企业工艺创新能力的影响；模型 3 分析技术环境对开放式创新与资源型企业工艺创新能力的调节作用；模型 4 分析开放式创新对资源型企业产品创新能力的影响；模型 5 考察了技术环境对资源型企业产品创新能力的影响；模型 6 在模型 4 与模型 5 的基础上，探究了技术环境在开放式创新与资源型企业产品创新能力中的调节作用。具体如下：

模型 1：$TI_{it}=\alpha_0+\beta_1 OI_{it}+\Omega Control_{it}+\varepsilon_{it}$

模型 2：$TI_{it}=\alpha_1+\beta_1 OI_{it}+\beta_2 IE_{it}+\Omega Control_{it}+\varepsilon_{it}$

模型 3：$TI_{it}=\alpha_2+\beta_1 OI_{it}+\beta_2 IE_{it}+\beta_3 OI_{it}\times IE_{it}+\Omega Control_{it}+\varepsilon_{it}$

模型 4：$PI_{it}=\alpha_0+\beta_1 OI_{it}+\Omega Control_{it}+\varepsilon_{it}$

模型 5：$PI_{it}=\alpha_1+\beta_1 OI_{it}+\beta_2 IE_{it}+\Omega Control_{it}+\varepsilon_{it}$

模型 6：$PI_{it}=\alpha_2+\beta_1 OI_{it}+\beta_2 IE_{it}+\beta_3 OI_{it}\times IE_{it}+\Omega Control_{it}+\varepsilon_{it}$

5.4 回归结果与分析

5.4.1 描述性统计

样本数据的描述性统计分析如表 5-2 所示。我们可以观察到，工艺创新能力、开放式创新以及技术环境三者之间存在显著的差异性。具体而言，工艺创新能力为 41.42，最小值为 0；开放式创新最大值为 22，最小值为 0；技术环节最大值为 52.12，最小值为 14.59，即在企业层面，资源型企业之间的技术创新能力与区域层面上的技术环境呈现出较大的波动性。

表 5-2 变量的描述性统计

变量	观测值	均值	标准差	最小值	最大值
TI	516	2.46	4.32	0.00	41.42

变量	观测值	均值	标准差	最小值	最大值
PI	516	1.62	1.70	0.00	19.18
OI	516	2.81	4.58	0.00	22.00
IE	516	30.74	10.11	14.59	52.12
Gro	516	0.08	0.44	−1.00	5.60
Size	516	23.57	1.22	20.76	26.46
ROE	516	4.97	13.57	−85.94	84.67
Age	516	13.93	4.35	1.00	24.00

5.4.2　相关性分析

由表 5-3 可知，开放式创新与工艺创新能力之间展现出显著的正相关关系，同时技术环境也对资源型企业的产品创新能力及工艺创新能力产生了积极的影响。此外，产品创新能力与工艺创新能力亦呈现出一定程度的相互促进作用。值得注意的是，在所考察的大多数变量间，其相关系数均未超过 0.5 这一阈值，且方差膨胀因子值为 1.79，远低于通常认为存在严重多重共线性问题的标准值（通常设定为 10），从而进一步证实了本章中各变量之间并未出现明显的多重共线性现象。通过上述初步的相关性探讨，我们揭示了不同因素间潜在的联系模式；而关于这些因素之间更为精确的函数关系，则将在后文中基于回归分析结果予以详尽阐述。

表 5-3　相关系数

变量	PI	TI	OI	IE	Gro	Size	ROE	Age
PI	1.000							
TI	0.183***	1.000						
OI	0.017	0.051*	1.000					
IE	0.023*	0.011**	0.115***	1.000				
Gro	0.101*	0.187***	0.048	−0.055	1.000			
Size	−0.239***	0.003	0.263***	0.083*	0.058	1.000		
ROE	0.057	0.019	0.080*	0.155***	0.130**	0.003	1.000	

变量	PI	TI	OI	IE	Gro	Size	ROE	Age
Age	−0.036	−0.072	−0.112**	0.003	0.089	0.022	−0.087**	1.000

注：*、**、*** 分别表示在 10%、5%、1% 的水平上显著。

5.4.3　回归分析

本章选取的研究数据是静态平衡面板数据。为了保证有效回归，在数据处理之初，先运用相同根单位根检验中的 LLC（Levin-Lin-Chu）方法对样本进行了严格检测。结果显示，偏差矫正统计量 t 显著为负，且 P 值达到了 0.000 水平，这一结果强有力地拒绝了"面板中存在单位根"的说法，从而确认了该面板数据序列处于平稳状态。紧接着，为了进一步验证上述结论，并考虑到可能存在的不同根情况，我们又采用了 Fisher- ADF 检验来补充说明。同样地，在此步骤下得到的 P 值亦为 0.000，表明无论从哪种角度来看，本章所使用的数据确实符合平稳性要求，不存在任何形式的非平稳趋势干扰因素。随后在模型选择中，通过实施 F 检验后发现，后者相较于前者具有更高的适用性和解释力度，因此选择固定效应模型作为基础架构。在固定效应模型与随机效应模型的检验中，进行了 Hausman 检验，接受了原假设，因此最终选择了随机效应模型。下面将通过逐步回归法得出相应结果。

（1）如表 5-4 所示，模型 1 检验了资源型企业工艺创新能力与开放式创新之间的关系。结果显示，开放式创新的回归系数在 1% 的水平上显著为正，这充分证明了开放式创新对资源型企业工艺创新能力具有显著驱动作用，即假设 H1a 得到有力验证。企业与外部主体合作交流，能够引入新思想、新资源以及先进技术等，进而激发了企业工艺创新能力的提升。模型 2 在资源型企业工艺创新能力与开放式创新的基础上，进一步引入了技术环境因素及其细分指标，研究了技术环境的影响机制问题。结果显示，技术环境的回归系数在 10% 的水平上显著为正，这表明良好的技术环境确实能够提高资源型企业工艺创新能力，从而验证了假设 H2a。这说明优越的外部技术环境拓宽了企业获取丰富创新资源的渠道，并依赖这些资源提高了企业的工艺创新能力。在技术环境的各项分项指标中，市场环境与创业氛围均对资源型企业工艺创新能力的提升具有显著的驱动作用，这意味着，在一个充满活力且支持创业的市场环境中，资源型企业更可能通过不断优化自身的工艺流程来保持持续竞争。此外，对于那些市场前景看好、现有产品和服务能够满足消费者需求并赢得良好口碑的企业来说，它们更加倾向于在设备更新和技术改造方面加大投入，以此进一步提升自身的工艺创新能力。

表 5-4　资源型企业工艺创新能力与开放式创新

变量	模型 1	模型 2					
		IE	JCSS	SCHJ	LDZSZ	JRHJ	CYSP
OI	0.082*** （3.428）	0.080*** （3.399）	0.081*** （3.467）	0.076*** （3.422）	0.082*** （3.474）	0.081*** （3.312）	0.085*** （3.539）
IE		0.032* （1.908）					
JCSS			0.014 （1.233）				
SCHJ				0.020* （1.655）			
LDZSZ					0.009 （0.518）		
JRHJ						0.014 （1.376）	
CYSP							0.030** （2.187）
Controls	YES	YES	YES	YES	YES	YES	YES
Constant	−3.111 （−0.969）	−3.808 （−1.222）	−3.195 （−1.005）	−3.931 （−1.185）	−3.264 （−1.041）	−3.250 （−1.038）	−4.118 （−1.320）
Observations	516	516	516	516	516	516	516
R-squared	0.151	0.204	0.191	0.158	0.168	0.185	0.211

注：*、**、*** 分别表示在 10%、5%、1% 的水平上显著。

（2）如表 5-5 所示，模型 3 探究了技术环境在开放式创新与资源型企业技术创新能力的影响中是否起着调节作用。本章借鉴温忠麟等（2005）的方法，考虑到开放式创新与技术环境均为连续变量，因此将二者进行中心化后再进行回归分析。回归结果表明，在模型 2 和模型 3 中技术环境与创新开放度交互项的回归系数均显著为正，说明技术环境在开放式创新对资源型企业工艺创新能力的影响中起着显著正向调节作用，假设 H3a 得到验证。具体到技术环境各基本要素，包括基础设施、市场环境、劳动者素质、金融环境和创业水平，这些要素在模型 2 与模型 3 中的回归系数均显著为正，表明它们均起着正向调节作用。在资源型企业高度重视技术与工艺改造的前提下，技术环节的各个要素能够从多方面驱动资源型企业与外部各创新主体之间的合作，以此改善自身的工艺设备，最终实现企业工艺创新能力的全面提升。

表 5-5　技术环境的调节作用

变量	模型 3					
	IE	JCSS	SCHJ	LDZSZ	JRHJ	CYSP
OI	0.015** （2.455）	0.016** （2.524）	0.014** （2.289）	0.015** （2.483）	0.015** （2.496）	0.016*** （2.715）
IE	0.026 （1.517）					
OI×IE	0.000** （2.364）					
JCSS		0.013 （1.109）				
OI×JCSS		0.000*** （2.607）				
SCHJ			0.016 （1.376）			
OI×SCHJ			0.000*** （2.636）			
LDZSZ				0.004 （0.231）		

变量	模型 3					
	IE	JCSS	SCHJ	LDZSZ	JRHJ	CYSP
OI × LDZSZ				0.000*** （2.641）		
JRHJ					0.012 （1.140）	
OI × JRHJ					0.001** （2.117）	
CYSP						0.026* （1.842）
OI × CYSP						0.001* （1.771）
Controls	YES	YES	YES	YES	YES	YES
Constant	−3.355 （−1.086）	−2.891 （−0.912）	−3.325 （−0.999）	−3.160 （−1.030）	−3.381 （−1.101）	−3.873 （−1.230）
Observations	516	516	516	516	516	516
R-squared	0.204	0.199	0.164	0.169	0.194	0.213

注：*、**、*** 分别表示在 10%、5%、1% 的水平上显著。

（3）如表 5-6 所示，模型 4 深入研究了资源型企业产品创新能力与开放式创新之间的关系。研究结果表明，开放式创新对资源型企业产品创新能力的提升并无显著的驱动作用，即假设 H1b 未能得到完全验证。表明资源型企业即使通过与外部合作能够获得相关创新资源，但是由于新产品创新时间长、风险大等特征，导致企业无法强烈地激发其创新动力。模型 5 引入了技术环境及其细分要素，旨在探究技术环境及各要素对于资源型企业产品创新能力的影响机制。结果表明，技术环境回归系数在 10% 水平上显著为正，说明了技术环境显著正向驱动资源型企业产品创新能力，假设 H2b 得到验证，即资源型企业创新能力的提升离不开外部良好技术环境的支持。在技术环境的细分指标中，基础设施系数在 10% 的水平上显著为正，市场环境系数在 5% 的水平上显著为正，表明良好的基础设施与市场环境对资源型企业产品创新能力的提升具有显著的影响。

表5-6　资源型企业产品创新能力与开放式创新

变量	模型4	模型5					
		IE	JCSS	SCHJ	LDZSZ	JRHJ	CYSP
OI	0.067 （0.680）	0.079 （0.839）	0.075 （0.776）	0.078* （1.829）	0.074 （0.764）	0.088 （0.980）	0.068 （0.686）
IE		0.321* （1.687）					
JCSS			0.113* （1.653）				
SCHJ				0.178** （2.469）			
LDZSZ					0.055 （0.456）		
JRHJ						0.126 （1.115）	
CYSP							0.044 （0.440）
Controls	YES	YES	YES	YES	YES	YES	YES
Constant	−37.082 （−0.944）	−46.369 （−1.159）	−37.059 （−0.944）	50.416** −2.280	−37.549 （−0.961）	−42.323 （−1.127）	−38.647 （−0.968）
Observations	516	516	516	516	516	516	516
R-squared	0.051	0.035	0.057	0.016	0.048	0.036	0.045

注：*、**、***分别表示在10%、5%、1%的水平上显著。

（4）如表5-7所示，模型6引入了技术环境及其细分要素与开放式创新的交互作用项，深入探讨技术环境及其各维度在开放式创新对资源型企业产品创新能力影响中的调节作用。回归分析结果表明，技术环境在模型5和模型6中的回归系数显著为正，这表明了良好的技术环境在开放式创新与资源型企业产品创新能力关系中的积极作用，验证了假设H3b。进一步分析技术环境的分项构成中基础设施、市场环境、劳动者素质、金融环境这四大要素，在模型2与模型3中，它们与开放式创新的交互项系数均显著为正，共同驱动着开放式创新对资源型企业产品创新能力的正向调节效应。然而需要注意的是，尽管创业水平展现出一定的正向趋势，但是其调节作用并不显著，这可能与地区创业水平或者活力不足相关，导致创业水平难以在开放式创新与资源型企业产品创新能力之间发挥显著的桥梁作用。

表 5-7　技术环境的调节作用

变量	模型 6					
	IE	JCSS	SCHJ	LDZSZ	JRHJ	CYSP
OI	2.745 （0.818）	4.314 （0.858）	4.608 （0.924）	2.869 （0.821）	3.896 （1.288）	2.600 （0.909）
IE	2.259 （1.614）					
OI×IE	3.459* （1.648）					
JCSS		1.007* （1.669）				
OI × JCSS		5.294* （1.7685）				
SCHJ			0.596 （0.787）			
OI × SCHJ			5.104* （1.743）			
LDZSZ				0.769 （0.864）		
OI × LDZSZ				3.863* （1.780）		
JRHJ					0.171 （0.224）	
OI × JRHJ					3.133* （1.739）	
CYSP						0.578 （0.657）
OI × CYSP						1.669 （0.729）
controls	YES	YES	YES	YES	YES	YES

变量	模型 6					
	IE	JCSS	SCHJ	LDZSZ	JRHJ	CYSP
Constant	−304.647 （−0.750）	−483.558 （−0.790）	−510.362 （−0.847）	−228.921 （−0.554）	−85.902 （−0.288）	−167.202 （−0.481）
Observations	516	516	516	516	516	516
R−squared	0.132	0.105	0.112	0.101	0.098	0.089

注：*、**、*** 分别表示在 10%、5%、1% 的水平上显著。

5.4.4　稳健性检验

由于目前开放式创新的指标大部分是通过调查问卷调查的方法来进行测度的，没有形成客观测度指标，本书为了确保实证结果的稳健性，将开放式创新衡量指标替换为联合申请专利数，并对模型重新进行回归分析，结果如表 5-8~ 表 5-11 所示。

在稳健性检验结果表中，模型 1 明确表明了开放式创新对资源型企业工艺创新能力具有显著的驱动作用，模型 2 进一步表明技术环境同样在驱动资源型企业工艺创新能力提升中扮演着关键的角色，且在此过程中，创业水平的高低均发挥着不可忽视的正向驱动作用。模型 3 揭示了技术环境在基础设施、市场环境、劳动者素质和金融环境等多个维度上体现出其对资源型企业工艺创新能力提升的驱动性作用。模型 4 表明开放式创新对资源型企业产品创新能力有正向影响，但未达到显著的程度。模型 5 表明技术环境对资源型企业产品创新能力具有正向的影响，但依然不显著。模型 6 充分体现了技术环境通过基础设施、市场环境、金融环境和创业水平调节了开放式创新对资源型企业产品创新能力的影响。综上所述，采用替代变量进行实证分析后结果与前文研究结果高度一致，从而验证了本章结果的稳健性。

表 5-8 稳健性检验结果（1）

变量	模型 1	模型 2					
		IE	JCSS	SCHJ	LDZSZ	JRHJ	CYSP
OI	0.0183*** (2.856)	0.018*** (2.903)	0.018*** (2.869)	0.016*** (2.700)	0.019*** (2.934)	0.018*** (2.871)	0.019*** (3.181)
IE		0.031* (1.875)					
JCSS			0.013 (1.166)				
SCHJ				0.019 (1.568)			
LDZSZ					0.009 (0.524)		
JRHJ						0.014 (1.405)	
CYSP							0.030** (2.188)
controls	YES	YES	YES	YES	YES	YES	YES
Constant	−3.515 (−1.091)	−4.200 (−1.341)	−3.597 (−1.130)	−4.304 (−1.294)	−3.668 (−1.166)	−3.647 (−1.157)	−4.528 (−1.439)
Observations	516	516	516	516	516	516	516
R-squared	0.150	0.205	0.188	0.155	0.168	0.186	0.212

注：*、**、*** 分别表示在 10%、5%、1% 的水平上显著。

表 5-9 稳健性检验结果（2）

变量	模型 3					
	IE	JCSS	SCHJ	LDZSZ	JRHJ	CYSP
OI	0.068*** (2.816)	0.069*** (2.844)	0.066*** (2.742)	0.067*** (2.867)	0.068*** (2.804)	0.075*** (3.021)
IE	0.027 (1.529)					
OI × IE	0.002* (1.899)					
JCSS		0.012 (1.022)				

续表

变量	模型 3					
	IE	JCSS	SCHJ	LDZSZ	JRHJ	CYSP
OI × JCSS		0.001** (2.074)				
SCHJ			0.017 (1.427)			
OI × SCHJ			0.001* (1.888)			
LDZSZ				0.003 (0.148)		
OI × LDZSZ				0.002*** (2.619)		
JRHJ					0.013 (1.239)	
OI × JRHJ					0.002** (2.247)	
CYSP						0.028* (1.908)
OI × CYSP						0.002 (1.190)
controls	YES	YES	YES	YES	YES	YES
Constant	−3.238* (−1.765)	−2.506 (−0.802)	−3.188* (−1.776)	−2.590 (−0.848)	−3.155 (−1.016)	−3.852 (−1.242)
Observations	516	516	516	516	516	516
R−squared	0.206	0.192	0.164	0.169	0.193	0.215

注：*、**、*** 分别表示在10%、5%、1% 的水平上显著。

表 5−10　稳健性检验结果（3）

变量	模型 4	模型 5					
		IE	JCSS	SCHJ	LDZSZ	JRHJ	CYSP
OI	0.033 (1.433)	0.030 (1.641)	0.029 (1.599)	0.090 (0.458)	0.031* (1.659)	0.030* (1.721)	0.029 (1.533)
IE		0.039 (1.141)					

续表

变量	模型 4	模型 5					
		IE	JCSS	SCHJ	LDZSZ	JRHJ	CYSP
JCSS			0.014 （1.132）				
SCHJ				0.181** （2.538）			
LDZSZ					0.021 （1.036）		
JRHJ						0.013 （0.646）	
CYSP							0.030 （1.352）
Controls	YES	YES	YES	YES	YES	YES	YES
Constant	3.575* （1.862）	−13.713* （−1.656）	−12.323 （−1.360）	48.403** −2.222	−12.649 （−1.405）	−13.125 （−1.476）	−13.740 （−1.451）
Observations	516	516	516	516	516	516	516
R-squared	0.007	0.057	0.063	0.019	0.058	0.058	0.043

注：*、**、*** 分别表示在 10%、5%、1% 的水平上显著。

表 5-11　稳健性检验结果（4）

变量	模型 6					
	IE	JCSS	SCHJ	LDZSZ	JRHJ	CYSP
OI	0.059 （0.620）	0.061 （0.636）	0.017 （0.156）	0.067 （0.705）	0.070 （0.739）	0.060 （0.591）
IE	0.304 （1.637）					
OI × IE	0.003* （1.905）					
JCSS		0.116* （1.649）				
OI × JCSS		0.002** （2.234）				
SCHJ			0.125 （1.416）			

变量	模型 6					
	IE	JCSS	SCHJ	LDZSZ	JRHJ	CYSP
OI × SCHJ			0.002** （2.119）			
LDZSZ				0.053 （0.448）		
OI × LDZSZ				0.001 （0.645）		
JRHJ					0.129 （1.147）	
OI × JRHJ					0.003* （1.700）	
CYSP						0.041 （0.419）
OI × CYSP						0.003* （1.647）
Controls	YES	YES	YES	YES	YES	YES
Constant	−40.299 （−1.048）	−33.098 （−0.871）	−35.326 （−0.906）	−38.876 （−1.001）	−38.338 （−1.060）	−34.403 （−0.898）
Observations	516	516	516	516	516	516
R−squared	0.070	0.106	0.136	0.068	0.073	0.098

注：*、**、*** 分别表示在 10%、5%、1% 的水平上显著。

5.5　研究结论与政策建议

5.5.1　研究结论

本章根据资源基础理论、技术创新理论和资源依赖理论，以 86 家 A 股资源型上市公司作为研究样本，探讨了技术环境、开放式创新与资源型企业技术创新能力之间的关系，最终得出以下结论：

（1）开放式创新能够有效提升资源型企业的工艺创新能力，但在产品创新能力方面未表现出显著的成效。本书在收集联合申请专利合作主体数量时，发现联合主体包括科研机构、院校、用户、其他企业以及供应商等，企业在与这些主体的合作中，不仅获得了创新资源，还增强了各主体人员之间的交流与沟通，从而促进资源型企业引进、改造先进技术，提高了生产效率，从而提升工艺创新能力。与工艺创新相比，资源型企业的产品创新面临更多更大的困难，如需要大量资源投入的同时存在高风险和高不确定性的特质。因此尽管开放式创新对资源型企业产品创新具有一定的正向影响，但却不足以激发资源型企业坚定产品创新的决心。

（2）在构成良好技术环境的诸多因素中，市场调节和创业氛围尤为关键，一方面，健康的市场需求是激发企业创新动力的重要源泉；另一方面，活跃的创业生态则体现了区域经济活力，两者相辅相成，共同推动着资源型企业向着更高层次迈进。依据创新需求拉动理论（曹廷求和彭文浩，2024），正是由于消费者对于新产品或服务的需求不断升级变化，促使生产者必须持续改进自身技术以适应这种趋势，最终达到提高生产效率的目的，因此在一个充满机遇而竞争激烈的市场中，企业需要精准把握消费者偏好，并以此开发出符合消费者需求的产品。同时值得注意的是，高水平的创业活动意味着该地区拥有更加开放包容的社会文化以及完善的支持体系，这无疑会吸引更多有志之士投身于创新创业之中，形成良性循环。随着越来越多的人才涌入这一领域，整个产业链条也将变得更加完善，为企业提供更多可供借鉴的成功案例及实践经验。如此一来，身处其中的资源型企业自然会受到鼓舞，更加积极主动地参与到各类创新实践中去，提升资源型企业工艺和产品创新能力，以此增强自身的核心竞争力。

（3）良好的技术环境与开放式创新相结合，可以显著提高资源型企业在工艺和产品创新方面的能力。技术环境的构成要素包括基础设施、市场环境、劳动者素质、金融环境以及创业水平，这些因素都对开放式创新与资源型企业工艺创新能力之间的关系起到了正向调节作用。当企业处于一个有利的技术环境中时，它们更倾向于与外部合作伙伴协作，以增强自身的技术创新能力。这种合作有助于企业更容易地获取所需的知识和技术支持。具体而言，完善的基础设施促进了企业间的信息交流；市场需求激励着企业采纳新技术；高素质的人才推动了企业的创新发展；健全的金融体系确保了必要的资金支持；活跃的创业氛围则为提升资源型企业的创新能力创造了良好条件。因此，通过构建优良技术环境的同时资源型企业采用开放性的创新策略，能够有效地提升资源型企业工艺创新能力。

（4）在技术环境中，基础设施、市场状况、劳动力素质以及金融环境在开放式创新对资源型企业产品创新能力的影响中具有显著的正向作用。一个健全的技术环境是加强企业与外部合作以提升产品创新能力的关键。面对时间长、难度大和技术要求高的挑战，资源型企业需要从外部引进先进技术。同时，要构建有利于技术创新的外部环境。只有当这两者得到同步发展时，企业才能有信心进行产品创新，从而实现长期发展目标。具体而言，完善的基础设施为企业内外部研发合作提供了便捷的沟通渠道；市场需求增加了消费者对新产品的需求；高素质的员工队伍使企业更容易招募到所需的人才；而良好的金融环境则为资源型企业创新活动的资金流动提供了保障。这些因素共同创造了一个有利于开放式创新的环境，进而驱动资源型企业产品创新能力的提升。因此，通过营造良好的技术环境和实施开放式创新策略相结合的方式，可以有效地增强资源型企业的产品创新能力。

5.5.2 政策建议

基于前文的理论分析和实证结果，以及最终的研究结论，本章从以下两个角度提出建议：

（1）在企业层面，基础薄弱与开放程度不足是资源型企业普遍存在的问题，而这些问题则限制了其资源获取的能力。想要克服这些困难，资源型企业必须转变传统观念，增强自身的开放性程度，积极主动地与外部主体进行合作交流，以便解决企业内部创新资源不足的问题，从而提升技术创新能力。此外，资源型企业还需要关注外部技术环境中存在的各种要素，包括基础设施、市场状况、劳动力素质、金融条件和创业文化等，这些因素将共同影响资源型企业技术创新能力的构成。因此，资源型企业想要实现有效的创新必须要将开放式创新战略与外部技术环境相结合，并通过这种方式有效提升资源型企业的技术创新能力。

（2）在政府层面。政府应该承担起为资源型企业营造积极有效的技术环境的责任。在基础设施上，要进一步推进基础设施的完善，为资源型企业创新提供坚实的硬件基础；在市场环境建设上，政府应该营造一个健康的需求环境；在劳动力素质上，政府应该加大对高质量人才的培养与引进；在金融环境上，政府应该优化金融环境，并给予资源型企业一定的资金支持；在创业水平上，政府应该根据地方具体情况给予技术支持，激励创业行为。在以上措施的共同作用下，为区域经济注入活力，促使资源型企业与其他外部创新实体加强创新合作，共同推进技术进步，实现企业的长期稳定发展。

参考文献

［1］曹廷求，彭文浩.科技金融政策的创新溢出效应——来自供应商—客户关系的证据［J］.当代财经，2024（10）：59-72.

［2］龚璇，蔡爱新，吴津润.欲速则不达——基于组织吸收能力的迭代式产品创新机制研究［J］.南开管理评论，2022，25（4）：99-111.

［3］黄曦琳，秦淑悦，张雨朦.数字经济如何驱动制造业升级［J］.经济管理，2022，44（4）：80-97.

［4］贾利军，陈恒烜.构建关键核心技术攻关新型举国体制的机制创新与突破路径［J］.经济学家，2023（12）：46-55.

［5］李雪松，党琳，赵宸宇.数字化转型、融入全球创新网络与创新绩效［J］.中国工业经济，2022（10）：43-61.

［6］任志宽，李栋亮，马文聪，等.国家战略科技力量培育与新型研发机构发展——基于嵌入的视角［J］.科学学研究，2024，42（11）：2295-2304.

［7］王锋正，许卫华.资源型企业低成本战略与差异化战略——基于技术创新行为的中介作用［J］.资源与产业，2017（2）：9-18.

［8］王林辉，钱圆圆，周慧琳，等.人工智能技术冲击和中国职业变迁方向［J］.管理世界，2023，39（11）：74-95.

［9］温忠麟，侯杰泰，张雷.调节效应与中介效应的比较和应用［J］.心理学报，2005，37（2）：268-274.

［10］吴非，曹铭，任晓怡.地方经济增长目标对企业研发投入的影响与机制——基于"发展方式—政绩考核—政府行为—经济效应"范式的分析［J］.西部论坛，2021，31（5）：46-68.

［11］肖鹏，孙晓霞.开放式创新视角下制造型跨国企业产品高端化路径研究：来自安徽中鼎的探索性案例分析［J］.科技进步与对策，2021，38（24）：96-105.

［12］徐远彬，黄婷，卢福财.合作创新对企业韧性的影响研究——来自上市公司联合专利数据的证据［J］.财经问题研究，2024（12）：1-13.

［13］许庆瑞.研究与发展管理［M］.北京：高等教育出版社，1986.

［14］姚金海，钟国辉.政府支持、金融环境对企业创新投入影响的实证分析［J］.深圳大学学报（人文社会科学版），2022，39（4）：64-73.

［15］Chesbrough H. Open innovation：The new imperative for creating and profiting from technology［M］. Boston：Harvard Business School Press，2003.

［16］Garriga H.，Von Krogh G.，Spaeth S. How constraints and knowledge impact open innovation［J］. Strategic Management Journal，2013，34（9）：1134-1144.

［17］Sabahi S.，Parast M. M. Firm innovation and supply chain resilience：A dynamic capability perspective［J］. International Journal of Logistics Research and Applications，2020，23（3）：254-269.

［18］Sisodiya S. R.，Johnson J. L.，Grégoire Y. Inbound open innovation for enhanced performance：Enablers and opportunities［J］. Industrial Marketing Management，2013，42（5）：836-849.

［19］Teece D. J. Profiting from technological innovation：Implications for integration，collaboration，licensing and public policy［J］. Research Policy，1986，15（6）：285-305.

［20］Von Hipperl E. The sources of innovation［M］. New York：Oxford University Press，1988.

第6章
"互联网 +"环境与资源型企业转型升级
——开放式创新视角

6.1 研究背景

伴随国家供给侧结构性改革的推进和高质量发展目标的持续深化，应以美丽中国建设全面推进人与自然和谐共生的现代化。资源型企业受"得资源者得天下"思维的限制长期遵循传统的"资源占有"战略理念，依托传统粗放型经济发展模式，这与人与自然和谐共生的理念并不相符，难以适应新时代互联网技术环境激发的新一轮产业转型升级。2024年中央经济工作会议强调，以科技创新引领新质生产力发展……积极利用数字技术、绿色技术改造提升传统产业。因此，要利用"互联网 +"环境打破当前发展"三高一低"造成的产业结构单一、有效供给不足的桎梏，驱动资源型企业走向智能化、信息化，加快我国高质量绿色发展。资源型企业如何利用"互联网 +"环境带来的数字化技术、创新要素与思维空间，提升企业自身创新水平，改进环境不利局面，重新获得产业竞争力，是当前资源型企业在新时代高质量发展要求下面临的生死攸关的难题。

依托互联网技术广泛深度蔓延而逐渐形成的"互联网 +"新环境，必然对传统企业存在外部直接影响性，而且势必通过某种路径机制影响企业战略决策及其成长升级。资源型企业独有的资源依赖性强、技术水平低、创新能力弱等特点，直接决定了单纯依靠内部资源封闭式创新驱动升级不具有可行性。相反，借助"互联网＋"新环境契机，通过开放式创新，有效打破"信息孤岛"，实现信息资源的互联互通，高效整合各方资源要素（Won 和 Park，2018），以此驱动资源型企业升级不失为一种可行途径。"互联网＋"环境为资源型企业提供了利用互联网技术、适应互联网环境、最大限度共享整合网络资本和创新要素的空间，减少组织边界对创新要素获取的限制，以此为开放式创新创造了前所未有的机遇。然而，面对"互联网＋"环境为开放式创新提供的良好契机，聚焦于资源型企业，在适应"互联网＋"新环境过程中，开放式创新能否在"互联网＋"环境影响资源型企业升级中发挥促进作用？其内在机制是什么？这些都是亟待探究的问题。

本章基于环境适应理论和技术创新理论，旨在突破传统环境分析视角，将资源型企业升级研究置于"互联网＋"这一新环境中，拓展了考量传统企业升级的外部环境边界，以期为传统企业升级与互联网融合发展研究提供有益补充。同时，借助互联网独有的开放、共享等特征，引入开放式创新，探究面对"互联网＋"新环境，开放式创新驱动资源型企业升级的新机制与路径，以期为"互联网＋开放式创新"理论研究提供新的实证支撑。

6.2 理论分析与研究假设

6.2.1 "互联网＋"环境与资源型企业转型升级

环境适应理论要求企业通过弥补资源能力短板来积极响应外部环境的发展变化，以谋求生存与成长空间。有别于传统行业环境的"互联网＋"环境是知识经济时代造就的开放、共享、高效的新环境。它主要通过互联网技术发展形成的互联互通思想和完善的基础设施，激发创新活力，改变创新方式，助力传统企业在更便利获取创新要素和优化资源配置的基础上进行升级。纵观已有研究，对"互联网 +"新环境状况的刻画，主要从社会基础、资源应用、信息要素、发展潜力四个维度进行。某一国家或地区"互联网 +"环境综合水平越高，越能促进内外部资金、技术、人才、知识、信息等要素的自由流动和共享整合，推动区域内企业积极响应"互联网 +"环境变迁，有效运用网络技术资源和创新要素驱动升级。然而，回顾国内外学者关于"互联网 +"环境影响企业升级的研究，尚未形成一致观点，归纳起来主要有以下三个方面：①"互联网 +"环境可帮助企业实现业务流程的数字化、自动化与智能化等，实现资源的共享，以此降低交易成本和减少资源错配，提升生产效率，并更好地了解消费者需求，提高满足个性化需求的产品和服务，对市场变化趋势迅速做出反应，满足多元化需求（程潇凝，2024）。②互联网技术本质是通过信息的数字化，优化信息传播方式，加速信息转移、吸收与扩散，提高信息传播效率（李勃昕等，2023），实现虚拟经济与实体经济的融合，通过降低信息流通成本促进组织方式与生产方式的变革。③"互联网 +"环境下产生了大量新的生产要素、动态能力和商业模式等，展现出新的经济形态，对企业的战略选择与未来发展变革产生了深远的影响（杨林和陆亮亮，2022）。对于资源型企业而言，"互联网 +"环境作为资源型企业升级的外部驱动力，其良好的社会基础、广泛的资源应用、充沛的信息要素与无限的发展潜力将营造出易于资源型企业打破经济与环境双重约束的发展局面，帮助其迅速获取升级所需的创新资源与要素。具体而言：①"互联网 +"社会基础环境，体现行业整体互联网基础设施及网络联通水平。资源型企业通过借助"互联网 +"环境给予的网络规模经济效益获取更多创新资源与要素，通过信息化技术手段优化资源配置，以知识外溢降低创新过程中的交易与契约成本、代理与治理成本，拓展了开放、共享的互联网思维（王金杰等，2018），打破原来企业内部封闭的技术环境和路径依赖的锁定效应，实现虚拟与实体价值链的融合与重组，加速摆脱资源依赖路径。②"互联网 +"

资源应用环境，促使企业通过信息互联与技术应用获取创新动力。资源型企业借助"互联网＋"环境下的信息、技术降低创新成本，并通过互联网平台的建设，打破企业边界与惯性，驱动企业间的协同发展（周朴雄和陈皓云，2024），提升日常经营管理和决策效率，为企业升级提供驱动力量。③"互联网＋"信息要素环境，能够给予资源型企业更多与外界交流合作的机会。资源型企业通过"互联网＋"技术降低了信息获取成本，实现信息的有效传递与沟通，获取创新外溢效应，解决当前经济与环境双约束的致命问题（徐悦等，2024）。④"互联网＋"发展潜力环境，先进知识水平与高质量人力资本会反哺知识经济。资源型企业通过借助"互联网＋"环境下的新型人力资本，提升资源型企业认知和知识获取能力，迅速实现知识的融合与转化，助力资源型企业的存续发展（何理等，2023）。综上所述，资源型企业可以充分利用"互联网＋"环境，实现创新资源的有效配置，并获取海量知识与信息驱动创新与变革，解决有效供给不足、经济发展滞缓的问题，获得更多发展空间，提升发展潜力与质量，最终走向转型升级之路。由此，本章提出以下研究假设：

H1："互联网＋"环境正向影响资源型企业升级。

H1a："互联网＋"社会基础环境正向影响资源型企业升级。

H1b："互联网＋"资源应用环境正向影响资源型企业升级。

H1c："互联网＋"信息要素环境正向影响资源型企业升级。

H1d："互联网＋"发展潜力环境正向影响资源型企业升级。

6.2.2 开放式创新与资源型企业转型升级

开放式创新重在获取外部知识、资源，并将其融入企业内部，与多合作主体实现动态性的联合，构建创新生态系统，促使创新的产生与传播（王砚羽和王澳莹，2024）。企业升级要求在产品质量、物质消耗、经济效益和安全生产各方面均达到有效提升，必然要求通过开放式创新，促进技术突破与资源合理配置。回顾国内外已有研究，多数学者认同开放式创新促进企业升级的观点，作用机制集中体现在：①开放式创新提供的知识交互作用利于企业创新成果的产生。开放式创新是实现知识跨组织边界流动的方式（谭曼庆和曹勤伟，2024），为企业间知识交互提供了有利条件，满足企业对专有知识获取的需求，促进创新的产生和企业核心技术的研发。②开放式创新打破固有壁垒，促进技术变革。在开放式创新范式下，资源整合的无边界化、创新网络化等，使企业与外部企业联系越来越紧密（蔡双立和张晓丹，2023），提升企业获取外部创新要素的能力，以整合利用内外部资源实现传统企业的转型升级。

资源型企业受基础薄弱和环境依赖等因素影响，创新意识与能力淡薄，对海外市场依赖严重，其升级难以仅依靠自身封闭式创新进行。开放式创新以其速度快、成本低、收益高的优势，通过突破组织边界的方式，获取更密集的外部知识以重塑自身技术创新能力，有利于各方面的创新要素整合与创新资源的重新配置（杨震宁和赵红，2020），助力资源型企业高效获取、整合内外部要素，重构资源配置体系，获得异质性新知识、技术和稀缺要素，并在与外界的交流和合作中对已有创新要素进行补充拓展，以此驱动自身升级。由此，本章提出以下研究假设：

H2：开放式创新对资源型企业升级存在正向促进作用。

6.2.3 "互联网 +"环境与开放式创新的交互效应

企业成长理论要求企业升级需要适应和借力"互联网 +"环境，并通过开放式创新获取所需的创新要素，整合内外部条件实现资源的优化配置。回顾国内外已有研究，"互联网 +"环境影响企业创新与升级的路径可以总结为：①"互联网 +"环境，通过节约信息搜寻成本和企业与外部的沟通成本，实现对现有资源与新资源的整合重构，来提升企业的研发效率、促进创新要素的积累、塑造良好的技术环境（钞小静等，2024）。②开放式创新通过与各种创新要素的互动和协同，在最大程度上节约、利用资源，通过创新能力的提升与成本的降低，创造新的价值，形成良好的商业化组织网络与战略资源储备（李雪松等，2022；Chesbrough，2006）。综上所述，"互联网 +"环境促使开放式创新通过要素导入、技术整合、价值链融合来提升劳动力质量和知识技术水平，创造新的价值、降低生产成本、实现资源合理配置，最终实现企业有效升级。本章认为，"互联网+"环境与开放式创新的交互作用将对企业升级产生积极影响。

资源型企业受传统粗放式发展模式限制和自我扩张路径锁定的影响，一方面对新知识、技术、人才的获取异常困难，另一方面对异质性的创新要素难以快速响应。"互联网+"环境在供给创新要素的同时，也为资源型企业提供了开放式创新文化与治理模式（王金杰等，2018），具体体现在以下四个方面：①"互联网+"社会基础环境，能够帮助资源型企业打通开放式创新的"任督二脉"（朱江丽和郭歌，2023），突破企业对传统路径的依赖性，激发创新应用与技术研发之间纽带的活力，使创新取得突破性进展，逐步摆脱对资源的依赖，实现资源有效配置，获取持续竞争优势。②"互联网+"资源应用环境，促使资源型企业通过开放式创新，协调跨组织、文化的信息流通与资源转换（贺立龙和骆桢，2024），在提升创新绩效的同时降低信息成本，以创新成果推动劳动力水平升级，为创新动力不足、技术设备靠引进提供解决对策。③"互联网+"信息要素环境，能够减少资源型企业边界障碍，为企业提供通过开放式创新与多元化主体开展合作、资源交换、信息共享的机会，降低创新研发成本，提升成功概率，获取上下游需求，准确识别市场发展动向（杨震宁和赵红，2020）。④"互联网+"发展潜力环境，与传统金融环境相融合，突破融资时间与空间上的限制，使资源型企业获取充裕的资金开展开放式创新，深化互联网思维，促进资本投入与创新转化的双向反哺（李艳，2021）。综上所述，本章认为，"互联网+"环境背景下，资源型企业亟须通过开放式创新提升创新的效率与效果，摆脱过去自主研发薄弱局面，实现企业成长升级。由此，本章提出以下研究假设：

H3："互联网+"环境与开放式创新的交互作用显著正向影响资源型企业升级。

H3a："互联网+"社会基础环境与开放式创新的交互作用正向影响资源型企业升级。

H3b:"互联网 +"资源应用环境与开放式创新的交互作用正向影响资源型企业升级。

H3c:"互联网 +"信息要素环境与开放式创新的交互作用正向影响资源型企业升级。

H3d:"互联网 +"发展潜力环境与开放式创新的交互作用正向影响资源型企业升级。

6.3 研究设计

6.3.1 样本选取与数据来源

目前学术界关于资源型企业主要存在两种定义：狭义上指依托丰富的能源与矿产资源，进行开采、选洗、加工和利用，形成线性扩张锁定路径的企业（王锋正和姜涛，2015）；广义上指以生物、土地、能源、矿产等自然资源为核心要素进行相关社会活动的企业（赵宇恒等，2023）。本章研究目的是探究企业在新环境下的升级路径，考虑企业所属行业易识别性、数据可获得性，本章采用狭义的定义。根据《国民经济行业分类》，最终将资源型企业归为包含开采洗选业和初级加工业在内的 12 类行业。选取 2018~2022 年沪深 A 股资源型上市公司作为样本，最终保留 88 家样本企业，观测值共 445 个。"互联网 +"数据来自中国互联网络信息中心（CNNIC）发布的统计报告及相关统计年鉴，由于数据缺失问题剔除中国港澳台地区以及西藏自治区，保留其余 30 个省份；"三废排放量"数据来源于企业年报；其余数据均来自国泰安数据库及 CCER 数据库。

6.3.2　变量确定

6.3.2.1　被解释变量

资源型企业升级（UPG）。其是指顺应新技术发展环境，借助关键核心技术和先进适用技术，从要素驱动到创新驱动，从低附加值向高附加值，从高耗能、高污染到低耗能、绿色、高质量方向进行转变的状态。本书考虑到资源型企业地理根植性强、资源环境约束严重、自主创新不足等特点，采用肖曙光和杨洁（2018）指标，再加上代表绿色水平的三废污染物排放量所需的研发投入、代表发展水平的可持续增长率，构建资源型企业升级的综合指标。具体如表6-1所示。关于指标权重得分，选取熵值法进行赋权并计算指标得分。

表 6-1　资源型企业升级变量说明

变量类型	变量名称	变量代码	二级指标	变量定义
被解释变量	资源型企业升级	UPG	资产结构	无形资产/总资产
			技术结构	研发支出/营业收入
			员工结构	技术人员数/员工总数
			绩效水平	EVA总额/总股本
			绿色水平	研发投入/三废排放量
			发展水平	可持续增长率

6.3.2.2　解释变量

"互联网+"环境（Int）。其是指借助先进互联网技术发展和生态系统建设，构建起来的高效信息技术环境与开放共享的思维环境，它为企业资源配置与创新提供解决方案。鉴于资源型企业创新基础薄弱、技术发展受限、地理根植性限制，参考韩先锋等（2019）、曾繁华和刘淑萍（2019）构建的"互联网+"综合指标体系，使用层次分析法，以"互联网+"环境为目标层，以"互联网+"社会基础环境、"互联网+"资源应用环境、"互联网+"信息要素环境、"互联网+"发展潜力环境四维度为准测层，以细分指标为计划层进行测度。关于"互联网 +"指标权重得分，选取熵值法进行赋权并计算得分。

开放式创新（OI）。其是指打破企业传统封闭的创新模式，引入外部的创新要素，形成具备复杂性与动态性的创新生态系统。本章基于对资源型企业依托资源优势扩张、行业壁垒高、自主创新能力薄弱特点的考虑，为避免主观性的影响，根据 Laursen 和 Salter（2006）的指标测算思路，采取联合申请专利的合作主体数度量。

6.3.2.3　控制变量

参照其他学者对企业升级的研究，本章认为，企业的资源能力与董事会治理将在一定程度上影响升级结果。为尽可能减小企业异质性对实证结果的影响，本章选取表 6-2 中的控制变量进行控制。

表 6-2　变量说明

变量类型	变量名称	变量代码	变量定义
被解释变量	资源型企业升级	UPG	资源型企业升级水平综合指数
解释变量	"互联网 +"环境	Int	"互联网 +"环境水平综合指数
	"互联网 +"社会基础环境	Int_soc	互联网宽带接入用户（万户）
			移动互联网用户（万户）
			每百户移动电话拥有量（台 / 百户）
			每百户计算机拥有量（台 / 百户）
	"互联网 +"资源应用环境	Int_res	IPv4 地址比重（%）
			万人域名数（个 / 万人）
			长途光缆线路长度（千米）
			互联网接入端口数（万个）
	"互联网 +"信息要素环境	Int_inf	网页数（万个）
			每个网页平均字节数（KB）
	"互联网 +"发展潜力环境	Int_dev	人均 GDP（元）
			城镇居民人均可支配收入（元）
			专利授权数量（个）
	开放式创新	OI	与企业共同申请专利的其他组织或个人数量（个）

续表

变量类型	变量名称	变量代码	变量定义
控制变量	企业规模	Size	企业营业收入的自然对数
	企业年龄	Age	公司已上市年份（年）
	财务杠杆	Lev	总负债与所有者权益的比值（%）
	公司冗余	Slack	流动资产与流动负债的比值（%）
	股权性质	Own	国有控股占总股本比例（%）

6.4 回归结果与分析

6.4.1 描述性统计及相关性分析

本章运用STATA18.0软件对涉及变量进行描述性统计和相关性分析，结果如表6-3所示。"互联网+"环境、开放式创新程度差异较大；资源型企业升级水平总体偏低且在企业间差异明显。同时，"互联网+"环境总指标和其分项指标对资源型企业升级影响显著，且对开放式创新影响显著。控制变量中，企业规模、企业年龄、财务杠杆、股权性质均与资源型企业升级能力呈显著负相关关系。

6.4.2 回归结果分析

通过 VIF 检验可知，方差膨胀因子均小于 10，不存在多重共线性问题。同时通过 F 检验拒绝原假设（P=0.000），排除混合效应模型。随即通过 Hausman 检验结果选择随机效应模型。运用STATA18.0软件对本章假设进行实证分析。

由表 6-4 第（1）列可得，"互联网+"环境与资源型企业升级呈显著正相关关系，假设 H1 得到验证。在"互联网+"环境下，资源型企业通

表 6-3　描述性统计及相关性分析

变量	平均值	标准差	UPG	OI	Int	Int_soc	Int_res	Int_inf	Int_dev	Size	Age	Lev	Slack	Own
UPG	0.372	0.075	1											
OI	0.705	0.749	0.065	1										
Int	0.319	0.124	0.321***	0.161***	1									
Int_soc	0.125	0.041	0.322***	0.079*	0.682***	1								
Int_res	0.074	0.036	0.210***	0.064	0.806***	0.795***	1							
Int_inf	0.0441	0.035	0.126***	0.082*	0.665***	0.027	0.337***	1						
Int_dev	0.076	0.055	0.216***	0.212***	0.813***	0.274**	0.372***	0.625**	1					
Size	23.018	1.323	-0.302***	0.322***	-0.098**	-0.251***	-0.215***	0.063	0.064	1				
Age	13.852	6.213	-0.418***	0.142***	0.000	-0.024	-0.007	-0.005	0.026	0.464***	1			
Lev	1.783	4.219	-0.247***	-0.007	-0.071	-0.021	-0.013	-0.046	-0.108**	0.098**	0.166***	1		
Slack	1.267	0.902	0.413***	-0.069	0.162***	0.213***	0.143***	-0.004	0.120**	-0.4401***	-0.451***	-0.238***	1	
Own	0.0545	0.131	-0.184***	-0.079*	-0.089*	-0.183***	-0.098**	0.070	-0.046	0.127***	0.201***	0.095**	-0.187***	1

注：*、**、*** 分别表示在 10%、5%、1% 的水平上显著。

表6-4　"互联网+"环境与资源型企业升级

变量	UPG					
	（1）	（2）	（3）	（4）	（5）	（6）
	Int	Int_soc	Int_res	Int_inf	Int_dev	Control
Int	0.218*** (0.033)	0.598*** (0.106)	0.361*** (0.094)	0.126 (0.096)	0.556*** (0.077)	
Size	−0.000 (0.004)	0.002 (0.004)	0.002 (0.004)	0.000 (0.004)	−0.003 (0.004)	0.001 (0.004)
Age	−0.001 (0.001)	−0.001 (0.001)	0.001 (0.001)	0.002** (0.001)	−0.001 (0.001)	0.002** (0.001)
Lev	−0.001** (0.000)	−0.001** (0.000)	−0.001** (0.000)	−0.001** (0.000)	−0.001** (0.000)	−0.001*** (0.000)
Slack	0.016*** (0.003)	0.016*** (0.003)	0.018*** (0.003)	0.018*** (0.003)	0.014*** (0.003)	0.018*** (0.003)
Own	−0.000 (0.018)	−0.003 (0.018)	−0.008 (0.018)	−0.014 (0.019)	0.002 (0.018)	−0.014 (0.019)
Constant	0.303*** (0.090)	0.245*** (0.092)	0.280*** (0.093)	0.312*** (0.095)	0.402*** (0.091)	0.311*** (0.096)
Observations	445	445	445	445	445	445
R-squared	0.345	0.516	0.523	0.546	0.578	0.662

注：*、**、*** 分别表示在10%、5%、1%的水平上显著。

过对互联网信息技术的应用，形成全产业链、价值链的深度联合（朱国军等，2020），以此来促进创新，发挥品牌、成本、市场挤出优势，使企业转向信息化与工业化融合下的集约节能、科技创新发展路径。控制变量中，公司冗余对资源型企业升级具有显著正向影响，说明冗余资源越充裕的企业更易在"互联网+"环境下进行升级。而财务杠杆对资源型企业升级具有显著负向影响，企业规模、企业年龄、股权性质对企业升级也具有负向影响，但不显著。

由表6-4第（2）、第（3）、第（5）列可得，"互联网+"社会基础环境、资源应用环境、发展潜力环境与资源型企业升级呈显著正相关关系，假设H1a、H1b、H1d得到验证。"互联网+"社会基础环境，逐步推进虚拟与实体价值链的融合与重组，使资源型企业利用数字化技术降低交易成本、提高生产化能力等，实现技术、安全、环保等诸多"质效"方面的突破，向柔性化、智能化、网络化等方向成长升级（向坤和杨庆育，2020）。"互联网 +"资源应用环境，有利于资源型企业积累创新要素，降低信息获取、传递、交流的成本，同时推动人力资本结构高级化，提升资本配置效率，为传统企业升级与互联网融合模式提供有益补充。"互联网 +"发展潜力环境，推动资源型企业投入充沛资源优化相关领域建设，要素流入将催化创新成果的产生，而革新带来的收益也将倒逼企业追加投入，使新技术的融合及合理运用能够收获成效（周驷华和万国华，2017）。

由表 6-4 第（4）列可得，"互联网 +"信息要素环境对资源型企业升级具有正向影响，但不显著，假设 H1c 未得到支持。"互联网 +"信息要素环境造成信息冗余，企业难以及时甄别有效信息。同时，网络信息安全保护机制尚不完善，影响企业的战略选择，削弱了该项作用。因此，资源型企业由于资源依赖性强，具有较高的壁垒，难以借力行业间联合交流、攻克技术难题的环境，寻求针对性解决方案不失为有效破解机制。

由表 6-5 第（1）列可得，开放式创新与资源型企业升级呈显著正向关系，假设 H2 得到验证。开放式创新通过跨边界的创新资源获取与整合，打破传统封闭性的组织边界，企业从多渠道获取创新资源和互补性资源，重组企业资源与能力，实现资源合理配置，提升资源配置效率（云科洋和李文，2024）。在控制变量中，企业年龄、公司冗余对资源型企业升级具有显著正向影响，说明上市时间越长、冗余资源越充裕的企业更易通过开放式创新进行升级。而财务杠杆对资源型企业升级具有显著负向影响，企业规模、股权性质对企业升级也具有负向影响，但并不显著。

表 6-5　开放式创新与资源型企业升级

变量	UPG	
	（1）	（2）
	OI	Control
OI	0.010***	
	（0.003）	
Size	−0.002	0.001
	（0.004）	（0.004）
Age	0.002*	0.002**
	（0.001）	（0.001）
Lev	−0.001***	−0.001***
	（0.000）	（0.000）
Slack	0.017***	0.018***
	（0.003）	（0.003）
Own	−0.008	−0.014
	（0.018）	（0.019）
Constant	0.364***	0.311***
	（0.096）	（0.096）
Observations	445	445
R−squared	0.536	0.548

注：*、**、*** 分别表示在 10%、5%、1% 的水平上显著。

由表 6-6 第（1）列可得，"互联网 +"环境与开放式创新的交互项与资源型企业升级呈显著正相关关系，假设 H3 得到验证。"互联网 +"环境使"互联互通"成为资源型企业创新的重要机制，驱动资源型企业开展开放式创新。资源型企业通过要素导入、技术整合、价值链融合，解决有效供给不足与存续发展受阻等问题，提升发展的潜力与质量。控制变量中，财务杠杆对资源型企业升级具有显著负向影响，公司冗余对资源型企业升级具有显著正向影响。

由表 6-6 第（2）列、第（3）列可得，"互联网 +"社会基础环境、资源应用环境与开放式创新的交互项同资源型企业升级呈显著正相关关系，假设 H3a、假设 H3b 得到验证。①"互联网 +"社会基础环境为资源型企业提供基础设施、技术、人才等要素支持,并引入不同于以往的思维方式,驱动传统企业利用开放式创新有效整合来自互联网的各方利益相关者及其信息资源要素。②推进技术创新与研发应用之间双向转化。"互联网 +"资源应用环境承载着大量企业创新所需要素,推动企业与创新资源的深度连接,提升企业创新资源获取便利性,驱动资源型企业利用互联网技术开展开放式创新,降低信息交互成本与智力资本引入成本,发挥生产要素配置优化、集成作用(徐梦周等,2024)。在表 6-6 第(4)列、第(5)列中,"互联网 +"信息要素环境、发展潜力环境与开放式创新的交互项也对资源型企业升级具有正向影响,但并不显著,假设 H3c、假设 H3d 未得到支持。受资源型企业依托特定资源的成长模式限制,其具有较强行业的边界性,开放式创新难以通过"互联网 +"信息要素环境提供的共享环境消除壁垒。在信息要素充裕和未来发展潜力向好的环境下,部分资源型企业由于抵触未知事物而行事保守,难以接受开放式创新、接纳企业的变革(韵江等,2014)。部分传统企业未理性看待"互联网 +"环境作用效果,使开放式创新程度过深,形成依赖路径,影响创新绩效而不利于企业升级(杨震宁和赵红,2020)。同时,"互联网 +"发展潜力环境好的地区,其创新水平较高,削弱了资源型企业利用开放式创新实现升级的作用。

表 6-6 "互联网 +"环境与开放式创新的交互效应

| 变量 | UPG | | | | | |
	(1)	(2)	(3)	(4)	(5)	(6)
	Int	Int_soc	Int_res	Int_inf	Int_dev	Control
Int	0.201***	0.535***	0.285***	0.088	0.519***	
	(0.034)	(0.110)	(0.103)	(0.101)	(0.083)	
Int × OI	0.018*	0.055**	0.072*	0.061	0.044	
	(0.0010)	(0.026)	(0.039)	(0.054)	(0.034)	
Size	−0.001	0.001	0.001	0.000	−0.004	0.001
	(0.004)	(0.004)	(0.004)	(0.004)	(0.004)	(0.004)
Age	−0.001	−0.001	0.000	0.002*	−0.001	0.002**
	(0.001)	(0.001)	(0.001)	(0.001)	(0.0010)	(0.001)

续表

变量	(1)	(2)	(3)	(4)	(5)	(6)
	Int	Int_soc	Int_res	Int_inf	Int_dev	Control
Lev	−0.001**	−0.001**	−0.001**	−0.0011**	−0.001**	−0.001***
	(0.000)	(0.000)	(0.000)	(0.000)	(0.000)	(0.000)
Slack	0.015***	0.015***	0.017***	0.018***	0.014***	0.018***
	(0.003)	(0.003)	(0.003)	(0.003)	(0.003)	(0.003)
Own	0.002	−0.001	−0.006	−0.014	0.003	−0.014
	(0.017)	(0.018)	(0.018)	(0.019)	(0.018)	(0.018)
Constant	0.331***	0.280***	0.305***	0.326***	0.418***	0.311***
	(0.091)	(0.094)	(0.094)	(0.096)	(0.093)	(0.096)
Observations	445	445	445	445	445	445
R-squared	0.455	0.236	0.242	0.246	0.287	0.253

注: *、**、*** 分别表示在10%、5%、1%的水平上显著。

6.4.3 稳健性检验

为检验模型的稳定性，本章替换变量测度方式进行稳健性检验。企业拥有的网站数量直观地体现当地"互联网+"环境水平，故以省际企业拥有网站数量代替"互联网+"环境进行稳健性检验。除此之外，由于部分企业长年只与特定企业进行合作，故以联合申请专利数代替联合专利申请主体数进行稳健性检验。由表6-7第（1）列可得，"互联网+"环境的替代变量在5%的显著性水平上对资源型企业升级具有正向影响。第（2）列中，"互联网+"环境与开放式创新的交互作用在10%的显著性水平上对资源型企业升级具有正向影响。第（3）列中，开放式创新在1%的显著性水平上对资源型企业升级产生正向影响。第（4）列中，"互联网+"环境与开放式创新的交互项在5%的显著性水平上正向显著。第（5）列、第（6）列、第（8）列中"互联网+"社会基础环境、资源应用环境与开放式创新的交互项分别在5%的显著性水平上对资源型企业升级具有正向影响。第（7）列中，"互联网+"信息要素环境与开放式创新的交互项呈正相关关系但不显著。替换变量后回归结果与前文基本一致，说明本章研究结论具有较强稳健性。

表 6-7 稳健性检验

变量	UPG							
	（1）	（2）	（3）	（4）	（5）	（6）	（7）	（8）
Int	0.017** (0.007)	0.017** (0.007)		0.1935*** (0.033)	0.199*** (0.033)	0.196*** (0.034)	0.210*** (0.033)	0.191*** (0.033)
Int × OI		0.002* (0.001)		0.012** (0.005)	0.035** (0.014)	0.040** (0.020)	0.022 (0.025)	0.048*** (0.016)
OI			0.007*** (0.002)					
Size	0.002 (0.004)	0.001 (0.005)	−0.002 (0.004)	−0.001 (0.004)	−0.001 (0.004)	−0.001 (0.004)	−0.000 (0.004)	−0.001 (0.004)
Age	0.002* (0.001)	0.002 (0.001)	0.001 (0.001)	−0.001 (0.001)	−0.001 (0.001)	−0.001 (0.001)	−0.001 (0.001)	−0.001 (0.001)
Lev	−0.001** (0.001)	−0.001*** (0.001)	−0.001*** (0.001)	−0.001*** (0.001)	−0.001*** (0.001)	−0.001*** (0.001)	−0.001*** (0.001)	−0.001*** (0.001)
Slack	0.018*** (0.003)	0.017*** (0.003)	0.017*** (0.003)	0.015*** (0.003)	0.015*** (0.0033)	0.015*** (0.0033)	0.016*** (0.0033)	0.015*** (0.0033)
Own	−0.010 (0.019)	−0.005 (0.019)	−0.010 (0.018)	0.001 (0.018)	0.002 (0.018)	0.002 (0.017)	−0.001 (0.017)	0.001 (0.017)
Constant	0.104 (0.126)	0.143 (0.128)	0.363*** (0.095)	0.329*** (0.090)	0.330*** (0.090)	0.318*** (0.090)	0.308*** (0.090)	0.339*** (0.090)
Observations	445	445	445	445	445	445	445	445
R-squared	0.465	0.375	0.353	0.246	0.378	0.456	0.414	0.411

注：*、**、*** 分别表示在 10%、5%、1% 的水平上显著。

6.4.4 异质性分析

6.4.4.1 分地区实证分析

为更直观地体现"互联网 +"环境的区域间差异与变化趋势，本章按区域划分 2018~2022 年 30 个省份，并将其"互联网 +"环境得分绘制成柱状图（见图 6-1）。可以看出：①近年来全国整体"互联网 +"环境水平随时间推移呈增速提高趋势。②省际间"互联网 +"环境水平、增速情况差异显著。③区域间"互联网+"环境水平差距大，以广东为代表的东部明显较优，中、西部地区次之。

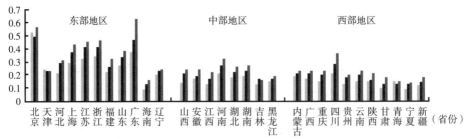

图6-1 中国30个省份按区域划分的"互联网+"环境水平综合指数

注：笔者手工计算整理而得。其中，浅灰柱为2018年数据，实柱为2020年数据，中灰柱为2022年数据。

鉴于以上结果，本章将样本企业所在地按东部地区、中部地区、西部地区划分并进行分别回归，旨在探究不同区域的"互联网+"环境驱动开放式创新对区域内资源型企业升级的影响。表6-8汇报了东部地区回归结果。东部地区"互联网+"环境的社会基础与开放式创新的交互作用与资源型企业升级呈显著正相关关系，本章假设得到部分验证。东部地区受其经济水平影响，"互联网+"环境较好，但未有效获取互联网创新溢出红利，对"互联网+"环境综合利用不足，区域内部的"数字鸿沟"难以消除（韩先锋等，2019）。同时，东部地区本身创新水平已经较高，弱化了"互联网+"环境下开放式创新对企业升级的作用。

表6-8 东部地区回归结果

变量	UPG						
	（1）	（2）	（3）	（4）	（5）	（6）	（7）
	Int	OI	Int	Int_soc	Int_res	Int_inf	Int_dev
Int	0.043***		0.041***	0.144***	0.166***	0.021	0.076***
	（0.006）		（0.006）	（0.026）	（0.033）	（0.031）	（0.012）
OI		0.006					
		（0.004）					

续表

变量	UPG						
	（1）	（2）	（3）	（4）	（5）	（6）	（7）
	Int	OI	Int	Int_soc	Int_res	Int_inf	Int_dev
Int × OI			0.001 （0.001）	0.005* （0.003）	0.007 （0.005）	0.008 （0.008）	0.005 （0.003）
Control	YES	YES	YES	YES	YES	YES	YES
Constant	0.489*** （0.125）	0.391*** （0.130）	0.518*** （0.123）	0.459*** （0.124）	0.457*** （0.125）	0.375*** （0.132）	0.601*** （0.125）
Observations	255	255	255	255	255	255	255
R-squared	0.564	0.368	0.467	0.422	0.219	0.468	0.435

注：*、**、*** 分别表示在 10%、5% 、1% 的水平上显著。

表 6-9 汇报了中部地区回归结果。中部地区"互联网 +"信息要素环境与开放式创新的交互作用同资源型企业升级呈显著正相关关系，本章假设得到部分验证。中部地区信息化应用水平较高，有力地促进了经济发展，且由于地区发展水平限制，创新渗透红利尚存（韩宝国和朱平芳，2014）。

表 6-9 中部地区回归结果

变量	UPG						
	（1）	（2）	（3）	（4）	（5）	（6）	（7）
	Int	OI	Int	Int_soc	Int_res	Int_inf	Int_dev
Int	0.093*** （0.018）		0.088*** （0.021）	0.230*** （0.052）	0.602*** （0.128）	−0.237 （0.229）	0.182*** （0.047）
OI		0.014** （0.006）					
Int × OI			0.002 （0.003）	0.004 （0.003）	0.014 （0.015）	0.067** （0.029）	0.007 （0.017）
Control	YES	YES	YES	YES	YES	YES	YES
Constant	0.165 （0.164）	0.275 （0.186）	0.195 （0.169）	0.165 （0.170）	0.135 （0.169）	0.308 （0.188）	0.256 （0.168）

变量	UPG						
	（1）	（2）	（3）	（4）	（5）	（6）	（7）
	Int	OI	Int	Int_soc	Int_res	Int_inf	Int_dev
Observations	90	90	90	90	90	90	90
R-squared	0.153	0.157	0.155	0.111	0.147	0.143	0.183

注：*、**、*** 分别表示在 10%、5% 、1% 的水平上显著。

表 6-10 汇报了西部地区回归结果。西部地区"互联网 +"环境和四个分项与开放式创新的交互项同资源型企业升级呈显著正相关关系。西部地区信息化水平较低，依然存在很大的发展空间，"互联网 +"环境对经济落后地区的促进作用更显著（徐梦周等，2024）。因此，西部地区应当把握"互联网 +"环境驱动创新的机遇（韩先锋等，2019），拥抱开放式创新塑造竞争优势，助力资源型企业升级，缩小与中、东部地区差距，实现高质量发展。

表 6-10　西部地区回归结果

变量	UPG						
	（1）	（2）	（3）	（4）	（5）	（6）	（7）
	Int	OI	Int	Int_soc	Int_res	Int_inf	Int_dev
Int	0.075*** （0.022）		0.063*** （0.022）	0.201*** （0.060）	0.346*** （0.118）	−0.184** （0.077）	0.119*** （0.043）
OI		0.029*** （0.008）					
Int × OI			0.008** （0.003）	0.018** （0.008）	0.037** （0.017）	0.079** （0.033）	0.036** （0.018）
Control	YES	YES	YES	YES	YES	YES	YES
Constant	0.262 （0.198）	0.405** （0.200）	0.369* （0.195）	0.293 （0.194）	0.321 （0.196）	0.423** （0.197）	0.448** （0.195）
Observations	100	100	100	100	100	100	100
R-squared	0.275	0.249	0.277	0.246	0.268	0.214	0.378

注：*、**、*** 分别表示在 10%、5% 、1% 的水平上显著。

6.4.4.2　分行业实证分析

鉴于本章将资源型企业所属的产业分类为开采洗选业和初级加工业，为进一步研究"互联网 +"环境与开放式创新对资源型企业升级的作用机理，在此进行分行业的异质性检验。表 6-11 汇报了开采洗选业回归结果。开采洗选业中开放式创新及其与"互联网 +"环境的交互作用均对资源型企业升级的影响不显著，假设 H2、假设 H3 未得到验证。由于该类行业技术较为基础且成熟度相对较高，行业内的创新主要基于技术设备改善、工艺流程改造，开放式创新助力企业升级要素积累的作用弱化。因此，运用开放式创新促进开采洗选业升级的影响削弱，进一步也影响了"互联网 +"环境与开放式创新的交互作用对企业升级的影响。但初级加工业中"互联网 +"整体水平与社会基础环境、资源应用环境与开放式创新的交互项同资源型企业升级呈显著正相关关系，本章假设基本得到验证。

表 6-11　开采洗选业回归结果

变量	UPG						
	（1）	（2）	（3）	（4）	（5）	（6）	（7）
	Int	OI	Int	Int_soc	Int_res	Int_inf	Int_dev
Int	0.271** (0.116)		0.263** (0.115)	1.518** (0.612)	0.786 (0.670)	0.028 (0.207)	0.669*** (0.210)
OI		0.009 (0.010)					
Int × OI			0.016 (0.027)	0.092 (0.101)	−0.006 (0.150)	0.021 (0.098)	0.041 (0.091)
Control	YES	YES	YES	YES	YES	YES	YES
Constant	0.793*** (0.241)	0.757*** (0.283)	0.830*** (0.267)	1.113*** (0.323)	0.647** (0.277)	0.730*** (0.267·)	0.653*** (0.247)
Observations	50	50	50	50	50	50	50
R-squared	0.497	0.478	0.499	0.435	0.457	0.423	0.411

注：*、**、*** 分别表示在 10%、5%、1% 的水平上显著。

表 6-12 汇报了初级加工业回归结果。初级加工业中的资源型企业有较大的升级空间，应妥善利用"互联网 +"社会基础与资源应用环境，借

助开放式创新积累资源要素，提升信息、技术获取与整合效率，吸引优秀人才，提升生产效率，实现企业升级。目前，开采洗选业应用互联网技术实现对生产现场实时监督、远程控制，开放式创新难以在已经相对完善的流水线作业体系中有效发挥作用；而初级加工业因为其技术、研发、安全与环保要求不断升级，面对"互联网＋"环境给予的智力资本与新技术，开放式创新驱动企业升级的效果更显著。

表 6-12　初级加工业回归结果

变量	UPG						
	（1）	（2）	（3）	（4）	（5）	（6）	（7）
	Int	OI	Int	Int_soc	Int_res	Int_inf	Int_dev
Int	0.217^{***} （0.034）		0.196^{***} （0.035）	0.552^{***} （0.116）	0.275^{***} （0.105）	0.107 （0.114）	0.487^{***} （0.090）
OI		0.011^{***} （0.004）					
Int×OI			0.021^{**} （0.010）	0.059^{**} （0.027）	0.083^{**} （0.041）	0.098 （0.063）	0.050 （0.036）
Control	YES	YES	YES	YES	YES	YES	YES
Constant	0.252^{***} （0.096）	0.312^{***} （0.103）	0.277^{***} （0.097）	0.204^{**} （0.100）	0.262^{***} （0.100）	0.272^{***} （0.103）	0.387^{***} （0.100）
Observations	395	395	395	395	395	395	395
R-squared	0.516	0.598	0.400	0.493	0.476	0.456	0.432

注：*、**、*** 分别表示在 10%、5%、1% 的水平上显著。

6.5　研究结论与政策建议

6.5.1　研究结论

新技术革命塑造了开放、共享、高效的"互联网＋"环境，为陷入低水平线性增长模式困境的资源型企业利用开放式创新实现高质量发展提供了良好契机。本章基于环境适应理论和技术创新理论，运用 STATA18.0软件对"互联网 +"环境的综合水平及其社会基础环境、资源应用环境、信息要素环境、发展潜力环境与开放式创新的交互效应进行探究。选取2018~2022 年沪深 A 股上市的 89 家资源型企业为样本，实证结果表明，"互联网 +"环境能促进资源型企业升级；开放式创新对资源型企业升级具有显著正向影响；"互联网 +"环境其分项与开放式创新的交互作用对资源型企业升级具有显著正向影响。作用机制体现为："互联网 +"环境的优化形成，使资源型企业通过网络化平台的生态系统获得创新要素，借力开放式创新引入不同于以往的文化环境、创新要素与治理手段，实现企业升级。

6.5.2　政策建议

本章结论证实了顺应新技术革命演变趋势，立足于"互联网 +"环境的优化形成，通过开放式创新驱动资源型企业升级必将成为一种有效路径，据此提出以下政策建议：①基于"互联网 +"环境的深度蔓延普及，政府部门应该倡导企业根据实际情况运用开放式创新，并合理配置"互联网 +"环境优化资源，使要素在不同区域、不同行业间重组。同时，吸纳互联网创新型人才，为其提供良好的成长环境，确保高端人才区域间均衡。加大信息安全监管力度，避免信息冗余。②面对开放式创新机遇，企业应当借力新技术革命优势，引入开放、共享、包容的互联网思想，跨边界积累创新要素，实现虚拟与实体价值链的融合与重组，改变固有的产业格局与价值创造方式，取得"质效"方面双重突破，贯彻"生态优先、绿色发展"的高质量理念。

参考文献

［1］蔡双立，张晓丹 . 开放式创新与企业创新绩效——政府与市场整合视角［J］. 科学学与科学技术管理，2023，44（9）：97-113.

［2］曾繁华，刘淑萍 ."互联网 +"对中国制造业升级影响的实证检验［J］. 统计与

决策，2019，35（9）：124-127.

［3］钞小静，周文慧，刘亚颖.工业互联网与制造业企业全要素生产率［J］.经济管理，2024，46（7）：5-19.

［4］程潇凝."互联网+"与企业管理创新思维［J］.山西财经大学学报，2024，46（S1）：145-147.

［5］韩宝国，朱平芳.宽带对中国经济增长影响的实证分析［J］.统计研究，2014（10）：49-54.

［6］韩先锋，宋文飞，李勃昕.互联网能成为中国区域创新效率提升的新动能吗［J］.中国工业经济，2019（7）：119-136.

［7］何理，冯科，朱诗瑶.互联网发展影响区域创新的产业、资金、人才机制研究［J］.统计与信息论坛，2023，38（5）：14-26.

［8］贺立龙，骆桢.互联网资本的特性、行为规律与发展策略［J］.改革，2024（11）：84-99.

［9］李勃昕，董雨，朱承亮."互联网+"对创新价值链的动态迭代溢出效应研究［J］.管理学报，2023，20（2）：231-239.

［10］李雪松，党琳，赵宸宇.数字化转型、融入全球创新网络与创新绩效［J］.中国工业经济，2022（10）：43-61.

［11］李艳."互联网+"下中小企业的融资机制创新［J］.宏观经济管理，2021（2）：64-69.

［12］谭曼庆，曹勤伟.自信倾向与创新选择：开放式创新视角［J］.管理工程学报，2024，38（6）：1-12.

［13］王锋正，姜涛.环境规制对资源型产业绿色技术创新的影响——基于行业异质性的视角［J］.财经问题研究，2015（8）：17-23.

［14］王金杰，郭树龙，张龙鹏.互联网对企业创新绩效的影响及其机制研究——基于开放式创新的解释［J］.南开经济研究，2018（6）：170-190.

［15］向坤，杨庆育.共享制造的驱动要素、制约因素和推动策略研究［J］.宏观经济研究，2020（11）：65-75.

［16］肖曙光，杨洁.高管股权激励促进企业升级了吗——来自中国上市公司的经验证据［J］.南开管理评论，2018，21（3）：66-75.

［17］徐梦周，杨大鹏，朱永竹.工业互联网生态对区域创新能力的影响研究［J］.

科研管理，2024，45（11）：37-46.

［18］徐悦，潘奕君，刘运国.线上销售能否改善资本市场信息环境——基于分析师盈余预测的证据［J］.南开管理评论，2024，27（3）：139-151.

［19］杨林，陆亮亮."互联网+"背景下制造企业智能化战略转型路径：多案例比较研究［J］.科技进步与对策，2022，39（12）：92-101.

［20］杨震宁，赵红.中国企业的开放式创新：制度环境、"竞合"关系与创新绩效［J］.管理世界，2020，36（2）：139-160+224.

［21］云科洋，李文.基于开放式创新的制造业企业数字化转型路径研究［J］.管理案例研究与评论，2024，17（5）：816-833.

［22］韵江，杨柳，付山丹.开放式创新下"吸收—解吸"能力与跨界搜索的关系［J］.经济管理，2014，36（7）：129-139.

［23］赵宇恒，曹泽华，高吴杰.Earnout在资源型企业跨境并购中的创新应用——基于洛阳钼业并购FMDRC的案例研究［J］.管理案例研究与评论，2023，16（6）：802-818.

［24］周朴雄，陈皓云.工业互联网背景下制造企业绿色技术创新的实现路径研究——基于量子管理范式和资源编排理论的组态分析［J］.科技管理研究，2024，44(12)：185-192.

［25］周驷华，万国华.电子商务对制造企业供应链绩效的影响：基于信息整合视角的实证研究［J］.管理评论，2017，29（1）：199-210.

［26］朱国军，王修齐，孙军.工业互联网平台企业成长演化机理——交互赋能视域下双案例研究［J］.科技进步与对策，2020，37（24）：108-115.

［27］朱江丽，郭歌.基于新闻行动者网络的开放式创新：对媒体融合地区差距的解释［J］.新闻与传播研究，2023，30（11）：38-59+127.

［28］Chesbrough H. Open innovation：A new paradigm for understanding industrial innovation［J］. Open Innovation：Researching a New Paradigm，2006（400）：1-12.

［29］Laursen K.，Salter A. Open for innovation：The role of openness in explaining innovation performance among UK manufacturing firms［J］. Strategic Management Journal，2006，27（2）：131-150.

［30］Won J. Y.，Park M. J. Smart factory adoption in small and medium-sized enterprises：Empirical evidence of manufacturing industry in Korea［J］. Technological Forecasting and Social Change，2020，52（157）.

|第7章|

"互联网+"环境与资源型企业
战略差异度
——高管海外背景视角

7.1 研究背景

资源型企业是以矿产资源开发、矿产资源生产以及初级产品制造为主要运营范围的企业，具有资源依赖性强、产品附加值低和污染排放严重的特征（郑明贵等，2022）。改革开放以来，依托自然资源开采及初级加工成长起来的资源型企业迅猛发展，在国家经济中占有举足轻重的地位。然而近年来，资源型企业面临发展困境（杨静远，2023），一方面，由于长期以来对矿产资源不加节制地开发和利用，自然资源逐渐枯竭，因此国家有关部门对开采活动提出了严格的规定和限制，导致资源型企业开发与获取成本逐年攀升，企业赖以生存的竞争力被严重剥削，被迫放弃了原有的粗放式发展模式，向集约型发展模式转变。另一方面，资源型企业长期存在结构单一、产业链不完善等问题，同质化严重以及对市场竞争敏感度不足等弊病更是进一步加速了此类企业进入衰退期。在形势如此严峻的大环境下，却有少数企业通过打破行业常规战略选择，为自己开辟出一条全新的发展路线，并取得了不俗的成绩。以杭州钢铁集团有限公司（以下简称"杭钢"）为例，作为一家以钢铁制造及金属贸易为核心业务的传统资源型企业，在 2015 年时果断选择关停半山钢铁基地，坚持优化调整产业发展方向，成为国内第一批勇于壮士断腕、落实国家"去产能、调结构、促转型"战略部署的资源型企业。杭钢创新性地选择大力培育数字经济产业、技术创新服务产业，率先在行业内占领数字科技高地，在主攻钢铁制造与金属贸易产业的基础之上，打造出以知识密集型和技术服务密集型为主的产业平台，通过前瞻性地对行业内前沿技术的研发创新，突破了影响产业发展的重大关键技术，掌握了具有自主知识产权的核心技术，最终实现创新跨越，并严格把控产业发展主导权，一跃成为兼具实力、活力和竞争力的高质量转型发展一流企业。由此可见，资源型企业通过规划战略转型，转变经营发展模式，创新发展路径，则有可能摆脱困境，实现持续经营（张婉婷等，2022），甚至能够凭借自身优势争取行业领先地位。国家统计局也在《中国能源发展报告 2020》中指出，现阶段我国经济发展进入新常态，煤炭、石油、电力、钢铁等能源产品市场需求有所减缓，产能过剩问题日趋凸显。因此，对于资源型企业而言，在战略制定上另辟蹊径，选择偏离行业常规战略模式，在生产、研发、营销、融资等关键领域做出创新选择，提高企业战略差异度，则很有机会在行业中脱颖而出，获取超额利润。

互联网、大数据等新兴的信息技术正深刻影响着人类社会的运行模式，一场深层次的科技革命正在重塑甚至颠覆传统行业发展模式（蒋媛媛，2023）。所谓"互联网+"就是指"互联网+传统行业"，即传统行业借助当代信息技术和互联网平台，转变固有发展模式，利用互联网具备的优势特点，谋求新的发展机会。2015 年，《国务院关于积极推进"互联网+"行动的指导意见》，规范了"互联网+"概念。推动互联网、云计算、大数据、物联网等与传统行业充分融合，可以解决当前我国经济发展动力不足的问题，从而促进我国经济健康、平稳、良性发展。资源型企业顺应"互联网+"环境迅猛发展的新形势，利用互联网技术优势和平台优势实现转型升级已成为大势所趋。传统制造业的成功实践也在一定程度上启发资源型企业以互联网为窗口、以互联网思维为引领、以互联网技术为依托，打开市场，拥抱竞争，提升资源配置能力，争取在资源开采、产品研发、制造工艺、原料市场和服务等方面找到突破口，提升资源型企业战略差异度，另辟蹊径以获得超额利润。

高层管理者（以下简称"高管"）是企业经营管理的重要舵手，与企业战略决策的制定与调整具有密不可分的关系，其个人特征是影响企业战略定位的重要因素。作为人力资本的重要表现形式之一，海外经历通常被看作是一个人接受过先进高等教育或者具备丰富专业知识技能的标志，具备海外经历的高管能够以更加长远的视角规划企业未来发展方向（严泳淇和叶劲松，2024）。在经济全球化的大背景下，越来越多的中国人选择走出国门开阔眼界、增长学识，出国留学人数屡创新高，2000 年我国赴海外留学生仅 3.9 万人，但在 2010 年时人数已达 28.47 万人，在 2021 年更是攀升至 102.1 万人，并且在 2020 年留学回国发展人数首次超过出国留学人数。国家为推动经济发展、缓解关键领域人才不足的问题，启动了诸如"海外高层次人才引进计划"等一系列鼓励海外人才回国发展的政策，同时，各省份也结合当地社会经济发展情况，从落户、创业、税收等方面制定优惠政策，吸引海外人才回国创业、就业。由于接受过良好的教育和培训，海外背景高管不仅拥有丰富的专业知识储备，还更具国际视野，往往能比本土高管更加准确识别海外市场机遇，促进企业国际化发展（张继德和张家轩，2022）。一些具备海外背景的人才进入企业担任高管，他们将在海外收获的知识技能以及技术经验很好地应用到本土市场中，为企业带来了新的发展机遇和巨大的经济效益，促进了国内的经济发展和社会进步。而具有海外背景的高管是否能对资源型企业提高战略差异度产生积极影响还有待进一步的研究和论证。因此，本章将高管海外背景纳入研究中，探讨"互联网 +"、高管海外背景与资源型企业战略差异度三者之间的关系。

7.2 文献综述与研究假设

7.2.1 "互联网＋"对资源型企业战略差异度的影响

战略是关乎企业经营成败的决定性因素，企业为了谋求生存和发展，必须不断开发核心竞争力，始终在市场中保持一定的竞争优势，为了实现这一生存目标，必须做好规划并采取一系列行动（车书颖，2024）。一旦企业采取了不恰当的战略，或者未能根据所处环境和自身禀赋变化做出调整，将会导致竞争力下降、市场份额缩减，使企业陷入经营困难，甚至可能破产。一个行业从诞生到成熟，离不开无数家企业不断试错、总结经验教训，行业正是在这个过程中得到发展，形成一套较为普适的常规的战略发展模式。最初企业通常选择沿用行业常规做法，以平稳温和的方式进入市场（郑明贵等，2024），但是随着行业不断发展、企业不断成长，常规战略或许不再能够满足企业发展需要，一些拥有独特资源和能力的企业尝试打破常规做法，在战略制定和实施上另辟蹊径，以重新占领市场，获取超额利润（殷治平和张兆国，2016）。诚然，这类偏离常规战略的举措会引发相应的经济后果，具体表现为战略偏离程度与企业所面临的风险呈正相关关系，即偏离度越大，风险越高。在学术研究领域，为了精准度量这种战略偏离程度，学者们引入了"企业战略差异度"这一概念。本章认为，战略差异度就是企业战略选择和实施后与行业常规战略偏离的最终结果，这代表了一种大胆的战略抉择，意味着企业在经营过程中绕过行业主流做法选择另辟蹊径，在这个过程中可能难以得到行业组织的帮助与支持，面临一定风险，这不仅要求决策者具备非凡的胆识与果敢的气魄，以在复杂多变的局势中作出艰难抉择，还需要企业能够巧妙地从其所处的外部环境中汲取必要的支持力量，唯有两者兼备，方能在激烈的市场竞争中探索出一条独具特色的发展路径。

　　目前，社会各界关于"互联网 +"的含义尚未形成统一的观点，学者、企业家等基于不同视角形成了三类观点：第一类观点的主要倡导者为互联网行业的企业家，他们创新性地将"互联网 +"阐释为一种全新的业态形式，赋予了其独特的内涵与价值。回溯至 2012 年，在备受瞩目的第五届移动互联网博览盛会上，易观国际的董事长于扬先生率先提出了"互联网 +"这一具有开创性意义的概念，他认为，互联网具有蓬勃的生命力，当传统行业面临巨大的经济压力时，通过与互联网融合接轨能够碰撞出不一样的火花，发现新的商机，产生推动企业挨过寒冬的巨大正向力量。百度 CEO 李彦宏以电影行业为例，指出当前移动互联网的兴起为观众带来了诸多实惠与便利，网络购票大大拉近了院线与大众的距离，成为保障电影院在节假日座无虚席的重要因素，他将"互联网 +"看作是互联网和其他传统产业相结合的一种模式，利用互联网成熟高效的特征来解决传统行业面临的问题，能够实现"化腐朽为神奇"。小米创始人雷军指出，互联网应该是解放生产力的推动思维和技术动力，应该积极与实体经济结合，真正担负起推动经济均衡持续发展、实现民众幸福感最大化的职责，并且认为互联网是一次观念的革命，只有改变观念，才能跟上互联网时代，并将互联网思维总结成七个字——专注、极致、口碑、快。第二类观点将"互联网 +"视为新兴网络技术的集合，强调企业对大数据、物联网、人工智能技术的应用。潘洁梅（2024）认为，"互联网 +"作为一种开创性的创新发展范式，深刻地重塑着各行各业的格局，借助互联网的交互性、开放性打破传统行业的边界，助力传统行业的转型升级。类似地，胡家保（2023）认为，"互联网 +"乃是在知识社会创新的大背景下，紧紧依托互联网信息技术所衍生出的一种全新发展模式。在此模式中，互联网信息技术于生产要素的配置环节发挥着至关重要的优化集成效能，将网络信息技术全方位、深层次地融入人类社会生活以及经济生活的各个角落，使之成为一个紧密相连、协同发展的有机整体。顾闻（2024）认为，"互联网 +"是一种全新的经济形态，与社会各领域紧密结合，不仅是技术上的"+"，也是思维、模式上的"+"。翟雪松等（2022）认为，互联网 3.0 时代将以社交媒体作为平台的组织形式价值置于重要地位。从本质上来看，互联网乃是借助计算机这一介质构建而成的认知、交流以及合作体系。其中，依托社交媒体的语义网解决方案，在技术层面更易于达成"轻量化"目标，进而塑造出一种全新的智能共生模式。在当今时代，（移动）互联网技术蓬勃兴起，大数据呈指数级增长，云计算能力持续提升，一系列科技成果日新月异、层出不穷。在此背景下，互联网思维应运而生，罗好琦和崔健（2023）认为，互联网思维就是对市场的竞争态势与发展趋势、用户的多元需求和潜在期望、产品的设计理念与优化方向、企业价值链的各个环节与协同效能进行重构的一种新的思考方式。第三类观点认为，"互联网+"是依托互联网迅猛发展所形成的新兴技术环境。周文娟和韦懿倪（2022）认为，"互联网+"可以实现产业跨界融合，将信息技术与创造业和服务业进行创新融合，从而促进经济和社会的发展。罗程（2024）认为，"互联网+"是一种具有开创性意义的技术模式创新典范。它并非简单的技术叠加，而是深度融合互联网技术与管理、生产、营销、运营以及产业升级等多元活动，借助信息科技的强大力量，为这些领域注入新的活力与发展潜能，全方位赋能其创新发展进程。本章重点关注"互联网+"作为企业外部技术环境对资源型企业战略差异度的影响，因此综合上述第三类定义，认为"互联网+"是借助当今互联网技术的飞速发展和网络基础设施建设不断完善而构建起来的技术环境。

基于前文理论分析和文献梳理可以发现，"互联网+"环境的构建和完善主要基于三个维度：一是基础设施的配备与建设情况，这是国家提升信息技术实力、完善互联网环境必不可少的基础保障；二是互联网信息资源与技术的普及率，即互联网在社会中实际能够得到利用的程度；三是人才后盾与技术创新水平，指的是能够吸收互联网知识、具备互联网思维、能够适应互联网环境并积极运用相关资源的人才的储备及其创新潜力。"互联网+"环境对资源型企业战略决策产生诸多影响，主要体现在以下几个方面：首先，"互联网+"环境改变了资源型企业战略决策环境。伴随着"互联网+"时代的到来，资源型企业迎来了新的管理决策环境，在这个环境下数据规模剧增。随着技术的不断进步,数据处理与分析手段呈现出多元化的发展态势,各类先进的算法、工具和模型层出不穷,这为资源型企业构建了一个强大的决策支持体系。通过运用这些丰富多样的数据处理与分析方法,企业能够对海量的内外部数据进行快速且精准的挖掘、整理与解读,从而及时且高效地获取到具有决策价值的信息,为其管理决策提供坚实有力的依据。其次,"互联网 +"环境有利于资源型企业获取战略决策数据。处于"互联网 +"环境下的企业能够采用新的管理思维和管理技术,获取更多准确、有效的信息,依托于海量信息的存在,企业管理者在决策的过程中,可以利用互联网甄别出适用于自身的高质量信息,创造新的企业管理模式(唐涛,2023)。再次,"互联网 +"环境能改善资源型企业战略决策思维。决策主体由于思维意识差异和所处环境不同,其作出的选择具有极强的个体差异性,这种以个人认知为依据的判断,将对整个决策过程产生影响。"互联网 +"时代的到来,使企业管理者在进行决策时更加依赖于精准的数据分析,而摒弃传统决策环境下更加依靠个人经验、思想以及直觉进行判断的"非理性决策"。越来越多的企业决策者相信,采用数据驱动理性决策能够使企业的运营业绩越来越好。最后,"互联网 +"环境能够提高资源型企业战略决策差异化。在传统的决策环境下,信息透明度较低,难以深入挖掘,企业无法兼顾个性化定制与大规模标准化生产,但基于"互联网 +"环境的企业,更有机会借助云计算、大数据等精准的数据分析,实现个性化、定制化产品的标准化量产,促使极致化、差异化、个性化产品和服务大量涌现。综上所述,对于资源型企业而言,在"互联网 +"环境下有更多的机会运用互联网技术,寻求新的市场和生机,提高战略差异度,打破行业常规做法,合理转变企业的经营管理模式,提高自身的行业竞争力,为企业创造更多的经济价值。因此,本章提出以下假设:

H1:"互联网 +"与资源型企业战略差异度正相关。

H1a:"互联网 +"基础设施水平与资源型企业战略差异度正相关。

H1b:"互联网 +"应用消费能力与资源型企业战略差异度正相关。

H1c："互联网＋"技术潜力与资源型企业战略差异度正相关。

7.2.2 高管海外背景对资源型企业战略差异度的影响

高管是企业运作管理的核心，在公司战略决策过程中起决定性作用（张少勇等，2024）。"海外背景"作为一项人口统计学特征，主要描述一个人是否拥有异于母国地区的相关经历。现有研究中学者对"海外经历"的概念没有统一定论，并存在许多含义相近的概念，如"海外经历""国际暴露""国际经验"等，学者在用到相关概念时，通常会结合自己研究的内容给出明确的定义。

Leng 和 Ben（2024）认为，高管海外经验是指在发达国家或地区接受过教育或有工作经验。同样地，Li 等（2023）也认为，高管海外经验是具有海外学习或工作经验。Sambharya（1996）则认为，高管国外经验除了包括海外工作经历和海外学习经历，还应当包括海外的其他相关经历。Duan 等（2020）将海归企业家定义为具有在海外工作经验、海外学习经历、海外永久居留权或外国国籍的管理人员。Reuber 和 Fischer（1997）为高管国际经验给出了较大范围的定义，他们除了考虑其海外生活与工作经历之外，还关注了高管海外旅游经验、海外语言能力以及海外国籍。上述关于高管海外背景的解读虽不完全相同，但也存在诸多共同点，即均强调高管或企业家的海外留学经历和工作经历，以及这些经历会在一定程度上会改变他们的认知，使其形成异于母国环境的思维风格和工作作风，进而影响高管战略决策和企业绩效。考虑到短期经历恐怕难以撼动高管的思维与行为根基，不足以影响高管的知识结构、行事风格、认知水平和心态，本章将高管海外背景定义为高管曾在中国内地以外的国家或地区学习或工作达一年以上，不包括出差、探亲等短暂性的经历，并将具有这一经历的高管称为海归高管。

已有研究表明，海归高管是一类具有鲜明个人特征的高管群体，他们往往在企业战略决策中主动承担较为重要的企业创新责任（魏浩等，2024）。首先，相较于本土高管，海外留学与工作经历使海归高管更具有全球性的视野，他们在处理企业事务、进行决策分析时视角更加开阔，看待问题更加全面。由于海内外资源型企业长期以来所处的生存环境不同，在资金、技术、政策、环保等方面所面临的问题可能不尽相同，海归高管的经历使其更有机会观察到本土高管未曾关注过的问题，进而挖掘到独特的创新点和盈利点。其次，这些具有海外学习或工作经历的高管通常接受过良好的教育或先进的培训，这些海外经历对其个人能力的提升有积极影响，因此他们通常被看作是掌握了先进管理经验或对关键技术具备深刻理解的高级人力资本。丰富的经验和知识储备也使海归高管在工作中通常表现出较高的自我期望和充分的自信，在进行企业战略选择时更加敢于突破和冒险，更倾向于打破常规。对资源型企业而言，当企业生存空间受到严重挤压时，急需打破传统粗犷、趋同的发展模式，海归高管的存在恰能带领资源型企业另辟蹊径，为企业争取更广阔的发展空间。最后，海外教育与任职背景也在一定程度上拓宽了资源型企业海归高管的社会网络，丰富的国际化资源和社交网络使其拥有了多样化的行业信息和资源，因此在决策时更具战略创新优势（李醇等，2024）。因此，本章提出以下假设：

H2：高管海外背景与资源型企业战略差异度正相关。

7.2.3 "互联网 +"环境与高管海外背景的交互效应

基于前文理论分析和文献梳理可以发现，"互联网 +"、高管海外背景与资源型企业战略差异度之间有着紧密的联系。"互联网 +"环境是资源型企业当前所处的全新的技术环境，为资源型企业提升战略差异度提供了多方面的便捷条件，包括为企业提供更加完善和丰富的决策环境，在"互联网 +"环境下有效信息较以往成倍增长，信息和数据的分析处理方式更加多样和智能，有利于帮助决策者告别"感性决策"，采取基于科学算法的"理性决策"。同时，"互联网 +"环境也大幅提升了资源型企业的透明度，使管理者能够深入了解竞争对手和自身在行业中所处的位置，有效帮助企业避免趋同，找准自身定位，发挥属于自己的独特竞争优势，最终实现战略差异化。海外高管是一类具有鲜明特征的高管群体，他们思维开阔、勇于尝试、充满自信、热衷寻求突破的特点使他们相较于本土高管，在面对大数据、云计算、人工智能等"互联网+"环境下的新技术时具有更高的接受度和认可度，他们更愿意将这些在国际上流行的新兴互联网技术应用于企业中，更愿意使用深度数据挖掘和智能化的分析来辅助自己进行战略决策。因此，本章提出以下假设：

H3：高管海外背景在"互联网+"对资源型企业战略差异度的影响中存在正向调节作用。

H3a：高管海外背景在"互联网+"基础设施水平对资源型企业战略差异度的影响中存在正向调节作用。

H3b：高管海外背景在"互联网+"应用消费能对资源型企业战略差异度的影响中存在正向调节作用。

H3c：高管海外背景在"互联网+"技术潜力对资源型企业战略差异度的影响中存在正向调节作用。

7.3　研究设计

7.3.1　样本选取与数据来源

资源型企业的行业分类如表3-1所示，此处不再赘述。

本章选取2018~2022年资源型行业沪深A股上市企业作为研究样本。首先，在数据库中筛选出行业代码为B06、B07、B08、B09、B1、C25、C26、C30、C31、C32、C33以及D44的上市公司数据。其次，为了避免财务异常对研究的影响，剔除了ST、*ST的上市公司。最后，为了避免数据缺失对研究的影响，剔除了2018年以后上市的企业，剔除了战略差异度数据不全或者缺失的企业，剔除了高管海外背景数据不全或者缺失的企业。最终筛选得到374家样本企业，共计1870个观测值。

本章涉及数据主要来自国泰安数据库、万德数据库和各上市公司披露年报。其中，资源型企业战略差异度涉及的数据均来自国泰安数据库、万德数据库和各上市公司披露年报，经过手工整理得到初始数据，然后通过计算获得最终数据；"互联网 +"相关数据来自 2018~2022 年《中国互联网络发展状况统计报告》《中国统计年鉴》以及中国各省份历年统计年鉴，经过手工整理和计算获得。至于海外高管占比数据，首先通过国泰安数据库和各上市公司披露年报获得公司高管总人数、具有海外经历高管数和上市公司高管履历，并筛选剔除海外留学或工作经历不满一年的高管；其次计算得到各公司历年海外高管占比。控制变量数据及研究中涉及的其他数据均来自国泰安数据库、万德数据库和各上市公司披露年报。样本企业筛选过程如表 7-1 所示。

表 7-1 样本企业筛选过程

序号	样本筛选依据	样本数	观察值
1	筛选资源型企业 A 股上市企业	753	3765
2	剔除财务状况异常（ST、*ST）的企业	49	245
3	剔除 2018 年以后上市的企业	172	860
4	剔除战略差异度数据不全或者缺失的企业	284	1420
5	剔除高管海外背景数据不全或者缺失的企业	11	55
6	剩余的样本企业	374	1870

7.3.2 变量确定

7.3.2.1 战略差异度（SD）

战略差异度是衡量企业经营战略与行业一般战略偏离程度的指标。在现实中，行业一般战略往往难以具体描述，多数企业家最初只是不断进行粗略的模仿，或通过学习和观察优秀竞争对手的做法来实现提高生产效率或降低成本的目的，虽然他们可能只在一次模仿中实现对企业日常经营活动中的单一环节的优化，但是随着行业的发展，企业的管理经验逐渐扩散，多数企业家都在不断相互学习中掌握了能够维持企业生存的一般性做法，也就是所谓的"行业一般性战略"，它是企业经营活动常规做法的集合和汇总。在实证研究中，学者们将企业日常活动进行分解，从研发强度、固定资产更新度等六个维度评价企业对战略资源的配置情况，具体如表 7-2 所示。战略差异度的具体计算方法是先得出行业年度平均值，然后除以标准差得到标准化数据，接着与六个维度的平均值相减并取绝对值，得到每个维度上的偏离程度，最终取算术平均值得到战略差异度。

表 7-2　衡量战略差异度的六个维度

维度名称	计量指标	含义
广告强度	广告费用／营业收入	企业在营销方面的投入
研发强度	研发支出／营业收入	企业创新投入强度
资本密集度	固定资产／员工总数	企业自动化水平
固定资产更新度	固定资产净值／固定资产原值	企业固定资产更新情况
制造费用效率	管理费用／营业收入	企业的费用结构
财务杠杆	（短期借款＋长期借款＋应付债券）／所有者权益的账面价值	企业的资本结构

7.3.2.2　"互联网 +"（IE）

"互联网 +"环境的演进态势在本质上反映了信息化融入社会生产模式的深度与广度。本章借鉴黄智和万建香（2018）构建的信息化评价体系对"互联网 +"进行度量，具体如表 7-3 所示。

表 7-3　"互联网 +"的评价指标

一级指标	二级指标	单位	指标属性
基础设施水平	每百户移动电话拥有量	台／百户	正向
	每百户计算机拥有量	台／百户	正向
	人均互联网端口接入量	台／百户	正向
应用消费能力	人均移动电话年末用户	人／人	正向
	人均互联网上网人数	人／人	正向
技术潜力	普通高校本科毕业人数	人／万人	正向
	万人专利授权数	件／万人	正向

　　本章以资源型企业所在地的省级数据来代表该企业所在地的"互联网 +"环境，用熵权法取相对值，具体步骤如下：

　　第一步，选取需要计算权重的指标。即统计内地 31 个省份在 2018~2022 年共五年间的二级指标数据，共有 7 个二级指标，那么 b 省第 c 年的第 d 个指标值为 Xcbd。

　　第二步，对指标进行标准化处理，解决因指标单位或量级不同产生的难以加权的问题。计算方式如下：

$$Ycbd = \frac{Xcbd - \min\{Xd\}}{\max\{Xd\} - \min\{Xd\}}$$

　　第三步，确定指标权重。计算方式如下：

$$Zcbd = \frac{Ycbd}{\sum_c \sum_b Ycbd}$$

　　第四步，计算第 d 个指标的熵值。计算方式如下：

$$ed = -\ln(bc)\sum_c \sum_b zcbd\ln（zcbd）$$

　　第五步，计算各指标相应权重。

$$td = \frac{1 - ed}{\sum_d (1 - ed)}$$

　　第六步，根据权重计算"互联网 +"水平得分。

　　图 7-1 展示了 2018~2022 年我国 31 个省份"互联网 +"相对发展水平，可以看出，国内"互联网 +"发展水平参差不齐，其中，广东、江苏、山东、浙江等地的"互联网 +"发展程度明显较高，而西藏、宁夏、青海、甘肃等地的"互联网 +"发展程度则相对较低。

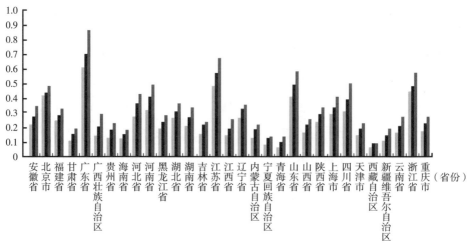

图7-1　中国31省"互联网+"发展水平

注：浅灰柱为2018年数据，实柱为2020年数据，中灰柱为2022年数据。

7.3.2.3　海归高管占比（OS）

本章用资源型企业中海归高管占比衡量高管海外背景带来的影响大小。计算方式如下：

$$海归高管占比（OS）= \frac{公司该年份具有海外经历的高管数量}{公司该年份高管团队成员总数}$$

7.3.2.4　控制变量

本章参考现有研究选择如下控制变量：财务杠杆（LEV）、资产负债率（DTA）、资产收益率（ROE）、成长性（GRO）、高管薪酬总额（SA）、高管总人数（TEAM）。具体如表7-4所示。

表7-4　变量定义

变量	代码	计算
战略差异度	SD	依据行业年度指标的平均值和标准差，对各个指标进行标准化，将六个指标取算术平均值，作为企业战略差异的衡量指标
"互联网+"基础设施水平	IEinf	每百户移动电话拥有量、每百户计算机拥有量、人均互联网端口接入量相对值求平均数
"互联网+"应用消费能力	IEapp	人均移动电话年末用户和人均互联网上网人数相对值求平均数

续表

变量	代码	计算
"互联网 +"技术潜力	IEpot	普通高校本专科毕业人数和万人专利授权数相对值求平均数
"互联网 +"总体水平	IEtotal	用前三个变量的平均数综合表示
海归高管占比	OS	当年拥有海外经历的高管占高管总人数的比例
财务杠杆	LEV	(净利润 + 所得税费用 + 财务费用) / (净利润 + 所得税费用)
资产收益率	ROE	净利润 / 总资产平均余额
成长性	GRO	(本年营业收入 – 上年营业收入) / 本年营业收入
资产负债率	DAT	负债总额 / 资产总额
高管薪酬总额	SA	企业高管年度薪酬总额的自然对数
高管总人数	TEAM	经理、副经理、财务负责人，董事会秘书和公司章程规定的其他人员的总数

7.3.3 模型构建

本书涉及的回归模型如下：

模型 1： $SD_{it} = \beta_0 + \beta_1 IE_{xit} + \beta_2 Control_{it} + \varepsilon_{it}$

模型 2： $SD_{it} = \beta_0 + \beta_1 OS_{xit} + \beta_2 Control_{it} + \varepsilon_{it}$

模型 3： $SD_{it} = \beta_0 + \beta_1 OS_{xit} + \beta_2 IT_{xit} \times OS_{it} + \beta_3 Control_{it} + \varepsilon_{it}$

其中，SD 代表资源型企业战略差异度，OS 代表企业海归高管占比，IE 代表企业所在省份的"互联网 +"水平，Control 代表所有控制变量集，x 代表"互联网 +"总指标及三个子维度，i 代表 374 家企业，t 代表不同的年份。

模型 1 中被解释变量为资源型企业战略差异度，解释变量为企业"互联网 +"总体水平以及三个子维度，检验"互联网 +"及其不同层面对资源型企业战略差异度的影响；模型 2 中被解释变量为资源型企业战略差异度，解释变量为企业海归高管占比，检验高管海外背景对资源型企业战略差异度的影响；模型 3 检验高管海外背景与"互联网 +"总体水平及三个子维度交互项与资源型企业战略差异度之间的关系。

7.4 回归结果与分析

7.4.1 描述性统计

研究样本的描述性统计分析如表 7-5 所示。从表中可以发现，资源型企业战略差异度最大值是 3.905，最小值是 0.032，平均值是 0.509，标准差为 0.372，由于战略差异度体现的是企业偏离行业一般水平的程度，说明我国资源型企业的战略差异度普遍不大，企业同质化程度较高，只有少数企业战略差异度较高。"互联网 +"总体水平的最大值为 0.861，最小值为 0.060，平均值是 0.385，标准差为 0.174，说明省级层面的"互联网 +"离散程度较小；海归高管占比的最大值是 0.313，最小值为 0.000，均值为 0.012，说明对于资源型企业而言，具有海外经历的高管总体而言数量偏少。

表 7-5 描述性统计

变量	观测值	均值	标准差	最小值	最大值
SD	1870	0.509	0.372	0.032	3.905
IEtotal	1870	0.385	0.174	0.060	0.861
IEinf	1870	0.155	0.073	0.033	0.728
IEapp	1870	0.117	0.070	0.000	0.284
IEpot	1870	0.112	0.060	0.000	0.272
OS	1870	0.012	0.034	0.000	0.313
DTA	1870	0.457	0.197	0.031	1.229
LEV	1870	0.410	0.914	0.002	16.228
TEAM	1870	19.429	3.918	10.000	39.000
ROE	1870	0.038	0.331	-7.587	0.990
GRO	1870	0.151	0.402	-0.641	5.075
SA	1870	6.357	7.740	2.000	170.000

7.4.2　相关性分析

为了避免出现共线性的问题，本章选择 Pearson 相关性分析，以检验研究设计中的各变量的相关性。从相关系数矩阵中可以看出，表 7-6 中各变量之间的相关系数基本不超过 0.3，并且大部分不超过 0.1，说明上述变量之间不存在严重共线性问题。

表 7-6　相关性分析

变量	SD	OS	IE	DTA	LEV	GRO	ROE	TEAM	SA
SD	1.000								
OS	0.011	1.000							
IE	−0.060***	0.068***	1.000						
DTA	0.073***	−0.070***	−0.102***	1.000					
LEV	0.304***	−0.026	−0.034	0.244***	1.000				
GRO	−0.048**	−0.023	−0.007	−0.005	−0.026	1.000			
ROE	−0.256***	0.012	0.040*	−0.199***	−0.388***	0.113***	1.000		
TEAM	0.007	0.017	−0.183***	0.328***	0.047**	−0.033	−0.004	1.000	
SA	−0.077***	0.181***	0.148***	0.097***	−0.025	0.056**	0.147***	0.351***	1.000

注：*、**、*** 分别表示在 10%、5%、1% 的水平上显著。

7.4.3　回归分析

鉴于本章数据为面板数据，这类数据结构往往潜藏着诸如异方差以及序列相关等可能干扰分析结果准确性的复杂问题。为了确保模型估计的可靠性与稳定性，引入了豪斯曼检验这一严谨的统计检验方法，根据检验结果选择固定效应模型。在此基础上，运用可行的最小二乘估计方法，针对研究中的主要变量以及控制变量进行实证回归，模型 1 和模型 2 的回归结果如表 7-7 所示，模型 3 的回归结果如表 7-8 所示。

表 7-7 回归结果（1）

变量	模型 1				模型 2
	（1）	（2）	（3）	（4）	（5）
IEtotal	0.215* （1.77）				
IEinf		0.498** （2.00）			
IEapp			0.707* （1.85）		
IEpot				0.458** （2.05）	
OS					0.571** （1.98）
DTA	0.040 （0.32）	0.045 （0.36）	0.041 （0.33）	0.020 （0.23）	0.047 （0.38）
LEV	0.139*** （7.89）	0.137*** （7.78）	0.139*** （7.84）	0.1438*** （10.30）	0.146*** （8.92）
GRO	−0.037** （−2.14）	−0.037** （−2.14）	−0.037** （−2.18）	0.036** （−2.12）	−0.037** （−2.15）
ROE	−0.075** （−2.23）	−0.076** （−2.28）	−0.075** （−2.22）	−0.075** （−2.32）	−0.067** （−2.16）
TEAM	−0.001 （−0.16）	−0.001 （−0.13）	−0.001 （−0.18）	0.000 （0.11）	−0.002 （−0.43）
SA	−2.926* （−1.65）	−3.273* （−1.84）	−3.023* （−1.76）	−3.630** （−2.28）	−2.028** （−2.53）
Observations	1870	1870	1870	1870	1870
R-squared	0.74	0.74	0.75	0.72	0.74

注：*、**、***分别表示在10%、5%、1%的水平上显著。

表 7-8 回归结果（2）

变量	模型 3			
	IEtotal	IEinf	IEapp	IEpot
IEx	0.209* （1.74）	0.481* （1.96）	0.683* （1.82）	0.316* （1.71）
IEx × OS	1.487** （2.4）	2.987** （2.51）	4.951 （2.14）	4.845 （2.29）

变量	模型 3			
	IEtotal	IEinf	IEapp	IEpot
DTA	0.046 （0.37）	0.050 （0.41）	0.047 （0.39）	0.043 （0.34）
LEV	0.140*** （8.16）	0.138*** （7.96）	0.140*** （8.15）	0.144*** （8.65）
GRO	−0.036** （−2.16）	−0.037** （−2.16）	−0.037** （−2.2）	−0.036** （−2.14）
ROE	−0.073** （−2.22）	−0.075** （−2.27）	−0.073** （−2.21）	−0.068** （−2.11）
TEAM	−0.001 （−0.2）	−0.001 （−0.2）	−0.001 （−0.2）	−0.001 （−0.32）
SA	−2.989* （−1.68）	−3.226* （−1.81）	−3.166* （−1.83）	−3.363* （−1.77）
Observations	1870	1870	1870	1870
R-squared	0.75	0.74	0.76	0.75

注：*、**、*** 分别表示在 10%、5%、1% 的水平上显著。

模型 1 对资源型企业战略差异度与"互联网 +"总体水平及三个子维度分别进行回归。表 7-7 第（1）列显示，"互联网 +"总体水平与战略差异度在 10% 的水平上显著正相关，回归系数为 0.215，假设 H1 得到验证。表 7-8 第（2）列显示，"互联网 +"基础设施水平与战略差异度在 5% 的水平上显著正相关，回归系数为 0.498，假设 H1a 得到验证。表 7-8 第（3）列显示，"互联网 +"应用消费能力与战略差异度在 10% 的水平上显著正相关，回归系数为 0.707，假设 H1b 得到验证。表 7-8 第（4）列显示，"互联网 +"技术潜力与战略差异度在 5% 的水平上显著正相关，回归系数为 0.458，假设 H1c 得到验证。

首先，无论是传统网络环境的完善升级还是本章涉及的新兴"互联网 +"环境的构建，都需要以完备的基础设施为前提才能够得以实现。网络基础设施建设是一个循序渐进的过程，起初铺设电缆只是为了实现诸如拨号上网、电子邮件收发等简单的通信功能。而现如今，随着信息技术的迅猛发展，基础设施建设的目的也转变为实现云储存、云计算、大数据分析等复杂的高阶功能。因此，若资源型企业所处环境中基础设施建设水平比较落后，那么此时的网络环境可能只能为资源型企业提供简单的网络服务；反之，当资源型企业所处环境中基础设施建设水平较高时，企业才有机会接触最先进的"互联网+"相关技术和服务，进而优化生产、销售等经营环节，实现"互联网+"环境下战略差异度的提升。其次，"互联网+"应用消费能力其实就意味着相关网络信息技术在资源型企业所在地的普及率。这个普及率越高，说明了解"互联网+"相关技术的相对人数越多，对资源型企业而言意味着企业中下至普通员工上至高层管理者，认识和运用互联网技术的人数越多，在工作中遇到生产效率低下、同质化竞争激烈等难题时，利用"互联网+"去解决的概率就越高。继而云计算、大数据等服务则能够基于海量数据给出科学分析，权衡资源型企业在行业中的优劣势所在，帮助企业将独特竞争优势发挥到最大，最终直接体现为企业战略差异度的提升。最后，技术潜力反映了人力资本水平，资源型企业所处环境中技术潜力越大，意味着企业吸收到高水平人才的概率越高，这些员工在工作中有更大可能利用"互联网+"平台和思维解决问题。

在控制变量中，财务杠杆（LEV）、成长性（GRO）、净资产收益率（ROE）和高管薪酬总额（SA）分别与在战略差异度在1%、5%、5%、10%的水平上相关，回归系数分别是0.139、-0.037、-0.075和-2.926。其中，财务杠杆与资源型企业战略差异度正相关，可能是因为财务杠杆反映了企业风险水平，而资源型企业偏离行业一般做法、抬高战略差异度的做法本身就是一种冒险，因此二者呈正相关。成长性与资源型企业战略差异度负相关，可能是因为一些资源型企业采用常规战略就能够实现成长，因此不需要采取提升战略差异度这样的冒险行为来维持生计；反之，若资源型企业不再扩张或者成长有所衰退时，则更有可能采取偏离行业常规的行动。

模型2中，将海归高管占比与资源型企业战略差异度进行回归，结果显示，海归高管占比与资源型企业战略差异度在5%水平上显著正相关，回归系数为 0.571，说明资源型企业中海外背景高管的存在确实对企业战略差异度的提升具有促进作用，H2 得到验证。海外生活通常充满了压力与挑战，高管在全新的生活环境下处于"敏感状态"，此时海外学习与工作经历对高管而言是一种外界刺激，一段时间过后会在高管身上形成"烙印"，而这种"烙印"在高管回国后会持续产生作用，包括其在资源型企业任职期间影响高管战略决策，继而提高企业战略差异度。也就是说，海外学习和就业经历磨炼了海归高管的品格和意志力，使其能够以更加积极心态面对之后的生活，从容应对工作中的困难和挑战。当海归高管意识到资源型企业当前面临的创新动力不足、同质化竞争严重等问题时，与其选择坐以待毙、被迫接受愈加严重的"红海"价格厮杀，他们更愿意积极应对挑战，结合自身禀赋扬长避短，调整资源型企业发展战略，带领资源型企业实现自我突破。

表 7-8 将资源型企业"互联网 +"、海外高管占比与战略差异度一同回归，结果显示"互联网 +"与海外高管占比的交互项同资源型企业战略差异度在 10% 的显著性水平上相关，回归系数为 0.209，H3 得到验证。"互联网 +"基础设施水平与海外高管占比的交互项同资源型企业战略差异度在 10% 的显著性水平上相关，回归系数为 0.481，H3a 得到验证。"互联网 +"应用消费能力与海外高管占比的交互项同资源型企业战略差异度在 10% 的水平上相关，回归系数为 0.683，H3b 得到验证。"互联网 +"技术潜力与海外高管占比的交互项同资源型企业战略差异度在 10% 的水平上相关，回归系数为 0.316，H3c 得到验证。可能的原因是，"互联网 +"环境本身是一种高效智能的网络环境，这样的网络环境能够在资源型企业管理者进行战略决策时提供技术支持，而对这种新兴技术的采纳和接受，需要管理者自身具有一定的前瞻性，能够用开放、包容的眼光看待互联网技术的崛起，并且迅速接受和适应"互联网 +"对企业所处成长环境的影响和改变。而具有海外背景的高管恰恰是这样的群体，他们能够从容应对环境变化，对新鲜事物的接受认可程度较高，并且对新技术的兴起持有开放态度，因此当企业高管中海外经历高管占比越大时，高管团队对"互联

网 +"的适应和采用程度就越高，在决策时借助有关技术对自身所处优劣势进行分析，找到企业在行业内立足的差异性特征，继而越有可能提升企业战略差异度。

7.4.4 稳健性检验

7.4.4.1 替换解释变量

本章设置虚拟变量 OS1，若资源型企业高管中至少拥有一位海归高管时，则 OS1=1；若企业高管中没有海归高管，则 OS1=0。由于模型 1 并不涉及高管海外背景，因此本次检验针对模型 2 和模型 3，采用 OS1 替换原回归中的 OS 变量进行回归。表 7-9 汇报了回归结果，与前述基本一致，因此本章的研究模型是相对稳健的。

表 7-9 回归结果（3）

变量	模型 2	模型 3			
		IEtotal	IEinf	IEapp	IEpot
OS1	0.728*** (4.55)				
IEx		0.293* (1.81)	0.539* (1.97)	0.557* (1.91)	0.299* (1.88)
IEx×OS1		1.572** (2.55)	2.746** (2.47)	4.838** (2.30)	4.836** (2.53)
DTA	0.042 (0.21)	0.059 (0.31)	0.075 (0.39)	0.065 (0.31)	0.054 (0.37)
LEV	0.152*** (9.96)	0.142*** (8.35)	0.143*** (8.34)	0.137*** (8.45)	0.143*** (9.48)
GRO	−0.0360** (−2.22)	−0.039** (−2.27)	−0.039** (−2.24)	−0.042** (−2.18)	−0.038** (−2.20)
ROE	−0.067** (−2.25)	−0.077** (−2.18)	−0.074** (−2.19)	−0.077** (−2.17)	−0.075** (−2.19)
TEAM	−0.002 (−0.43)	−0.002 (−0.18)	−0.001 (−0.21)	−0.001 (−0.12)	−0.002 (−0.28)

变量	模型 2	模型 3			续表
		IEtotal	IEinf	IEapp	IEpot
SA	−2.027** （−2.88）	−2.758* （−1.71）	−3.843* （−1.85）	−3.947* （−1.77）	−3.928* （−1.59）
Observations	1870	1870	1870	1870	1870
R−squared	0.73	0.77	0.73	0.75	0.75

注：*、**、*** 分别表示在 10%、5%、1% 的水平上显著。

7.4.4.2 替换被解释变量

表 7-10 和表 7-11 汇报了替换被解释变量的回归结果。参考已有研究的做法，用广告强度、研发强度、资本密集度和制造费用率四个方面来衡量企业战略差异度，并将其设置为 SD1，替换前文回归中的变量 SD。通过对回归结果的再次验证与比对分析，发现得到的结果与前文所阐述的结果基本一致，说明结果是稳健的。

表 7-10 回归结果（4）

变量	模型 1				模型 2
	（1）	（2）	（3）	（4）	（5）
IEtotal	0.573* （1.64）				
IEinf		0.873** （2.88）			
IEapp			0.830* （1.92）		
IEpot				0.638** （2.92）	
OS					0.638** （2.27）
DTA	0.060 （0.37）	0.069 （0.34）	0.052 （0.36）	0.047 （0.33）	0.062 （0.39）
LEV	0.210*** （8.41）	0.32*** （8.58）	0.188*** （8.98）	0.168*** （9.10）	0.156*** （9.25）

续表

变量	模型 1				模型 2
	（1）	（2）	（3）	（4）	（5）
GRO	−0.041**	−0.049**	−0.041**	0.042**	−0.050**
	（−2.11）	（−2.13）	（−2.17）	（−2.13）	（−2.23）
ROE	−0.082**	−0.083**	−0.082**	−0.085**	−0.074**
	（−2.27）	（−2.27）	（−2.28）	（−2.17）	（−2.38）
TEAM	−0.001	−0.001	−0.001	0.001	−0.004
	（−0.21）	（−0.18）	（−0.20）	（0.16）	（−0.38）
SA	−3.265*	−3.748*	−3.829*	−3.528**	−2.029**
	（−1.98）	（−2.98）	（−2.21）	（−2.45）	（−2.68）
Observations	1870	1870	1870	1870	1870
R−squared	0.78	0.74	0.76	0.79	0.75

注：*、**、*** 分别表示在 10%、5%、1% 的水平上显著。

表 7-11　回归结果（5）

变量	模型 3			
	IEtotal	IEinf	IEapp	IEpot
IEx	0.626*	0.785*	0.849*	0.673*
	（1.78）	（1.77）	（1.63）	（1.55）
IEx×OS	3.892**	4.028**	6.710**	7.018**
	（2.88）	（2.94）	（2.86）	（2.60）
DTA	0.078	0.069	0.075	0.043
	（0.39）	（0.43）	（0.41）	（0.32）
LEV	0.180***	0.196***	0.200***	0.190***
	（9.58）	（9.12）	（9.27）	（10.01）
GRO	−0.060**	−0.053**	−0.050**	−0.047**
	（−2.47）	（−2.38）	（−2.39）	（−2.43）
ROE	−0.098**	−0.088**	−0.069**	−0.087**
	（−2.19）	（−2.39）	（−2.21）	（−2.22）
TEAM	−0.001	−0.001	−0.001	−0.008
	（−0.18）	（−0.23）	（−0.19）	（−0.24）
SA	−3.848*	−3.294*	−3.086*	−3.076*
	（−1.81）	（−1.76）	（−1.79）	（−1.72）
Observations	1870	1870	1870	1870
R−squared	0.77	0.73	0.74	0.76

注：*、**、*** 分别表示在 10%、5%、1% 的水平上显著。

7.5 研究结论与政策建议

7.5.1 研究结论

本章以企业成长理论、战略管理理论、资源依赖理论、高层梯队理论和烙印理论为理论基础，以 2018~2022 年沪深 A 股资源型上市公司为样本，对"互联网 +"、高管海外背景和资源型企业战略差异度三者之间的关系展开研究和讨论，又基于地区分类视角和行业分类视角对实证分析结果进行进一步检验。根据实证结果，得出如下结论：

（1）"互联网 +"总体水平与资源型企业战略差异度正相关；"互联网 +"在基础设施建设、应用消费能力和技术潜力三个子维度上也分别与资源型企业战略差异度呈正相关。首先，基础设施的建设与完善是当前新型网络信息技术落地与普及的重要保障，只有当基础网络足够完备时，地方政府或企业才拥有足够的实力去建设大数据平台、云计算中心等新技术平台。这些新技术平台的构建能够为资源型企业提供与"互联网 +"亲密接触的机会，帮助资源型企业了解"互联网 +"在挖掘新增价值、满足客户个性化需求、提高合作伙伴满意度等方面的突出优势，使困境中的资源型企业借助"互联网 +"平台和技术建立起对行业、竞争对手和自我的全新认知，挖掘企业竞争优势所在，制定独特的发展战略，即实现企业自身经营模式的调整与改变，提高战略差异度。其次，"互联网 +"应用消费能力在本质上指的是资源型企业对信息资源与网络技术的获取与利用程度。当资源型企业对"互联网 +"技术的了解程度和应用水平越高时，企业越能选择合适的平台和技术为自己服务，有利于企业尽快找到更适合自己的发展路径，进而告别同质化竞争，提高自身战略差异度。

（2）高管团队中具有海外背景的高管占比越大，资源型企业战略差异度越大。从人力资本角度来说，高管团队中具有海外背景的高管，培养了先进的理念、长远的眼光和国际化的思维，更敢于做出创新性战略选择。从社会资本角度来说，海归高管的国际化社交网络能够使其获取更丰富的行业信息，为资源型企业战略差异度的提升提供更丰富的思路。从心理资本角度来说，具有海外背景的高管对自己的智力更有自信，更喜欢创新和冒险，风险承受能力也越大，所以也倾向于提高资源型企业战略差异度。

（3）海归高管占比在"互联网+"及其三个子维度对资源型企业战略差异度的影响过程中存在正向调节作用。这意味着当资源型企业处于先进发达的网络环境中时，相较于本土高管追求平稳发展、更为保守的行为作风，勇于挑战、富有自信的海归高管的存在更有助于带领企业突破常规发展模式，在这样的环境下他们也能够充分发挥冒险精神，支持企业的创新行为，缓解同质化压力下竞争力不足的问题，提升战略差异度。

7.5.2 政策建议

基于以上结论，本章从政府层面和资源型企业层面提出以下政策建议：

（1）从多维度完善国家"互联网+"建设，缩小地区差距。当前"互联网+"已经融入了社会发展和日常生活中，现实中的每一个传统行业都蕴含着与"互联网+"深度融合的机会和发展空间。在当今时代的浪潮下，政府肩负着重要的使命与责任，亟需对互联网的蓬勃发展予以高度的重视，并给予强有力的支持。应以一种开放且包容的"拥抱"姿态去积极接纳互联网所带来的机遇与变革，遵守市场运行的内在逻辑，运用市场规律的思维模式去精心培育互联网产业生态，促使其茁壮成长。通过制定和实施精准有效的政策措施，全力营造一个良好的市场环境，使互联网企业能够凭借自身的创新能力与竞争优势自主地融入市场竞争的洪流中，推动各类生产要素依据市场化的机制实现高效、合理的配置，确保不同规模、不同性质的企业都能够在公平、公正、公开的竞争舞台上充分施展自身的才华与潜力，从而共同推动互联网产业朝着更加健康、繁荣、可持续的方向大步迈进，为经济社会的高质量发展注入源源不断的强大动力。不断加强网络基础设施建设，提高网络普及率，缩小省份间、城市间以及城乡间互联网发展差距。持续聚焦于互联网企业所处的外部生态环境以及其自身的成长轨迹，坚定不移地为网络技术的迭代升级和服务模式的创新发展提供全方位的支持。致力于网络基础设施的优化完善以及互联网思维的广泛培育与普及。通过这些举措，促使"互联网 +"能够更加高效地服务于我国的开放共享战略大局，在全球范围内积极践行相互开放、相互尊重的合作理念，与世界各国在互联网领域展开平等、互利、共赢的交流协作，共同分享互联网发展所孕育的无限机遇，携手迈向更加数字化、智能化、全球化的未来。

（2）加强高水平人才培养，完善海归人才引进机制。从政府的角度来说，当前应当把握好人才回流热潮，积极营造尊重、关心、支持海外高层次人才回国的环境和氛围。一方面，给予他们适当的物质奖励，这不仅是对其海外所学知识和技能的认可，更是对他们回国发展决心的一种鼓励和支持，让他们感受到国内对人才的尊重和重视。另一方面，为他们提供诸如简化行政审批流程、解决子女入学问题、协助配偶就业安置等便利条件，从生活和工作的各个方面消除他们的顾虑，使他们能够安心扎根国内，为国家的发展贡献力量。通过这些措施，吸引更多具备卓越才能的留学人才踏上归国之路，投身到祖国的建设中来。因此，一方面需要资源型企业通过提升报酬、完善员工福利等一系列具有吸引力的措施来吸引具有才能的海外归国人员；另一方面也可以完善企业内部培训机制，为高层管理者或高管储备人才提供赴海外学习的机会。

（3）推动资源型企业与"互联网 +"的深度融合。政府应当推动"互联网 +"相关政策与基础设施建设更好落地，出台相关政策鼓励资源型企业与"互联网 +"建立联系。可以从政策扶持、发展理念、产业孵化、人才培育等多方面塑造适合"互联网 + 资源型企业"发展的环境和基础。为企业营造出一个更加高效智能的发展创业平台。推动云计算、大数据等新兴技术深度应用到传统企业中，用技术影响和改变企业家的思维理念和生产生活方式，促进资源型企业发挥自身资源优势，把握好发展机遇，继续创新探索，让"互联网 +"为提高资源型企业战略差异度注入活力。

参考文献

［1］车书颖.企业战略对企业经营绩效的影响研究［J］.现代商业，2024（6）：58-61.

［2］翟雪松，易龙珠，王会军，等.Web3.0时代"互联网＋教育"的发展机遇与挑战［J］.开放教育研究，2022，28（6）：4-11.

［3］顾闻."互联网＋"时代会计行业发展趋势［J］.中国农业会计，2024，34（13）：6-8.

［4］胡家保."互联网＋"视域下推进高校统战工作创新路径研究［J］.福建省社会主义学院学报，2023（1）：55-62.

［5］黄智，万建香."互联网＋"与工业产业结构升级的影响研究——以上海市为例［J］.科技管理研究，2018，38（17）：81-87.

［6］蒋媛媛.产业互联网与服务业深度融合发展的三维架构与路径研究［J］.学习与探索，2023（6）：117-125+2.

［7］李醇，史恩义，王鑫.高管海外经历影响企业供应链话语权的机理研究［J］.财经论丛，2024（12）：1-15.

［8］罗程."互联网＋"环境下的事业单位内部控制体系构建探讨［J］.财会学习，2024（30）：1-4.

［9］罗好琦，崔健.互联网思维下金融业的商业模式创新——基于多案例分析［J］.河北企业，2023（9）：24-26.

［10］潘洁梅."互联网＋"商业经济发展存在的问题及对策研究［J］.现代商业研究，2024（15）：61-63.

［11］唐涛."互联网＋"时代企业战略管理创新探索［J］.环渤海经济瞭望，2023(2)：11-13.

［12］魏浩，邓琳琳，袁然.高管团队海外经历与中国企业的进口行为［J］.商业经济与管理，2024（3）：59-73.

［13］雷军.小米创业思考［M］.北京：中信出版集团，2022.

［14］严泳淇，叶劲松.高管海外经历对于企业绿色创新水平的影响研究［J］.科技与经济，2024，37（3）：36-40.

［15］杨静远.矿产资源型城市生态化转型机理、绩效评价及提升策略研究［D］.徐州：中国矿业大学，2023.

［16］殷治平，张兆国.管理者任期、内部控制与战略差异［J］.中国软科学，2016

（12）：132-143.

［17］余长林，孟祥旭."海归"高管与中国数字产业技术创新［J］.吉林大学社会科学学报，2022，62（6）：127-145+234.

［18］张继德，张家轩.高管海外经历与企业跨国并购——基于动因视角的研究［J］.审计与经济研究，2022，37（5）：75-83.

［19］张少勇，李文婧，许志勇，等.高管背景特征与企业高质量发展——基于调节效应的分析［J］.财会通讯，2024（23）：66-71.

［20］张婉婷，刘泽岩，林汉川.资源型企业转型战略路径选择研究——基于隐形冠军视角［J］.财会通讯，2022（12）：8-13.

［21］郑明贵，董娟，钟昌标.资本深化对中国资源型企业全要素生产率的影响［J］.资源科学，2022，44（3）：536-553.

［22］郑明贵，陶思敏，刘丽珍，等.战略差异、融资约束与资源型企业全要素生产率［J］.会计之友，2024（5）：53-61.

［23］周文娟，韦懿倪."互联网 +"产业融合背景下企业财务管理创新探究［J］.上海商业，2022（5）：78-82.

［24］Duan T., Hou W., Rees W. CEO international experience and foreign IPOs［J］. Economic Modelling，2020（87）：461-470.

［25］Leng C., Ben F. Executives' overseas backgrounds and green innovation in manufacturing enterprises［J］. Finance Research Letters，2024（72）.

［26］Li W., Rong M., Wu J. Does executives' overseas experience improve firms' labor investment efficiency?［J］. China Journal of Accounting Research，2023，16（4）：100332.

［27］Reuber A. R., Fischer E . The influence of the management team's international experience on the internationalization behaviors of SMES［J］. Journal of International Business Studies，1997（28）：807-825.

［28］Sambharya R. B. Foreign experience of top management teams and international diversification strategies of US multinational companies［J］. Strategic Management Journal，1996，17（9）：739-746.

第 8 章
研究总结与展望

8.1 研究总结

中国正处于全面建设社会主义现代化国家开局起步的关键时期，贯彻习近平生态文明思想，坚定不移走生态优先、节约集约、绿色低碳的高质量发展道路，锚定人与自然和谐共生的现代化建设进程中的痛点和难点，因地制宜地开展针对性绿色创新活动，是中国生态文明建设由重点整治到系统治理、由被动应对到主动作为、由实践探索到科学理论指导的重大转变。而资源型企业是一类以能源、矿产资源的采选和初加工为基本生产方式的企业群体，存在显著的资源依赖强、产能严重过剩、创新质量不高、附加值过低、环境污染严重等问题。在此背景下，锚定资源型企业转型升级所面临的上述问题，优化制度环境和技术环境形成资源型企业绿色创新的内驱力，已成为加快推进高质量发展和全面建设人与自然和谐共生的中国式现代化的关键。因此，基于当前现状，本书基于"波特假说"、技术创新理论、产业政策理论、环境政策理论、企业异质性理论和制度变迁理论等并综合运用理论分析法、因子分析法、层次分析法、多元线性回归法等实证研究方法，因地制宜、因物制宜、因事制宜厘清制度环境、技术环境对资源型企业绿色创新的影响效应和差异性作用机制，为推动资源型企业绿色创新以形成全面推进中国式现代化建设的重要支撑。

本书从制度环境和技术环境两大视角出发，深入剖析了制度环境和技术环境对资源型企业绿色创新的影响效应和作用机制。在制度环境方面，研究了包括政策、法规和市场机制在内的制度因素如何通过提供激励和约束引导资源型企业进行绿色创新。在技术环境方面，探讨了技术环境如何为资源型企业的绿色创新提供动力和支撑等。具体来说：

（1）本书基于政府治理理论、技术创新理论、开放式创新理论等研究了制度环境对资源型企业绿色创新的影响。通过提高中介组织发育程度、技术成果市场化程度、改进法制环境等可以促进资源型企业的绿色创新。同时，外部创新环境以及不同创新模式也具有显著的调节作用。其中，开放式创新作为一种创新模式能够通过整合内外资源这一途径显著提升资源型企业的绿色技术创新水平。然而，开放式创新模式意味着企业活动不可能脱离周围环境孤立地进行，相反需要有一套完整的外部制度作为依托，需要一定的法制环境、中介组织的发育程度、市场发育程度等外部制度环境作为基础。良好的制度环境意味着企业拥有较为完善的技术市场化程度、较高的中介组织发育程度以及较为完善的法治化水平，将有助于政府制定更具体的有针对性的政策措施，以提高资源型企业的绿色技术创新能力，促进资源型企业的发展，并推进国家经济高质量发展。同时，资源型企业必须有效利用现有的资源，把增强自身自主创新能力作为发展的中心目标，通过实施开放式创新战略取得更高的创新成果。

（2）本书基于开放式创新理论、技术创新理论等并综合运用固定效应模型、中介效应模型和门槛效应模型等探究了技术环境对资源型企业绿色创新的影响效应和作用机制。环境适应理论强调，企业需要充分识别自身资源和能力不足的现状，以更加灵活应对外部环境的不断变化。与传统产业环境不同的是，"互联网+"环境是诞生于数字经济时代具有开放、共享、高效特点的产物。对于资源型企业来说，"互联网+"环境已成为其转型升级的外部驱动力。这种环境自身所具备的强大的社会基础、丰富的信息资源和巨大的发展潜力使资源型企业能够克服经济和环境的双重限制，快速积累升级所必要的资源和创新要素，为自身升级和发展创造有利条

件。网络信息技术的飞速发展使"互联网 +"为资源型企业寻求独特竞争
优势提供了极佳的技术环境。通过研究发现，"互联网 +"在整体水平上与
资源型企业战略差异度正相关，"互联网 +"在基础设施建设、应用消费能
力和技术潜力三个子维度上也分别与资源型企业战略差异度正相关。当资
源型企业对"互联网 +"技术的了解程度和应用水平越高时，资源型企业
越能选择合适的平台和技术为自己服务，有利于资源型企业尽快找到更适
合自己的发展路径，进而提高自身战略差异度并避免同质化竞争和"内卷
式"竞争，为资源型企业通过绿色创新实现转型升级提供强劲内驱力。高
管团队中具有海外背景的高管占比越大，资源型企业战略差异度越大，并
且海归高管占比在"互联网 +"及其三个子维度对资源型企业战略差异度
的影响过程中存在正向调节作用，这意味着当资源型企业处于发达网络环
境中时，相较于本土高管追求平稳发展、更为保守的行为作风，勇于挑
战、富有自信的海归高管具有引领资源型企业突破常规发展模式的能力，
在这样的环境之下他们也能够充分发挥冒险精神，支持资源型企业的创新
行为，缓解同质化压力下竞争力不足的问题，提升战略差异度。

8.2　研究展望

立足于全面建设社会主义现代化国家开局起步的关键时期，针对美丽
中国建设过程中的痛点与难点，锚定资源型企业绿色创新的驱动因素，本
书着重从制度环境和技术环境视角出发，因地制宜、因时制宜和因事制宜
地探讨资源型企业绿色创新的驱动因素与作用机制，在一定程度上深化了
资源型企业绿色创新的相关理论深度，拓展了资源型企业绿色创新驱动因
素的逻辑边界。但仍存在不足之处，如在作用机制多样性、研究样本适宜
性、指标构造系统性以及研究方法前瞻性方面存在不足，未来还可以从上
述四个方面展开如下拓展研究：

（1）作用机制多样性。本书从制度环境和技术环境视角出发探讨了驱动资源型企业绿色创新的作用机制，如董事会治理、绿色信贷能力在制度环境与资源型企业绿色创新的关系中具有正向调节作用，制度环境、高管海外背景、产业协同集聚三个要素在技术环境与资源型企业绿色创新的关系中具有正向调节作用。然而，资源型企业绿色创新内涵丰富、政策工具种类繁多，涉及诸多新业态新模式，对资源型企业的管理、生产、运营等多方面产生深刻影响。因此，下一步研究可以从更多的视角出发研究探讨多种作用机制，如政府科技投入、区域基础吸收能力、科技技术环境、碳排放权交易等因素，可以采用有调节的中介效应模型等回归模型进行检验，以丰富并拓展驱动资源型企业绿色创新的作用机制相关研究，为政府部门制定更科学的决策提供理论基础与依据。

（2）研究样本适宜性。本书重点针对资源型企业展开了深入探讨，未来可以针对制造业、重污染企业等碳排放较高的行业展开进一步的研究。通过深入探讨这些行业在不同制度和技术环境下的绿色创新实践，不仅能够提升研究结论的广泛性和普遍适用性，还能够为各行业提供针对性的绿色转型策略和政策建议，促进绿色创新理念和技术在更广泛领域的应用与普及。同时，未来的研究也可以适当考虑企业的生命周期，从而更全面地捕捉和分析异质制度环境和技术环境对资源型企业绿色技术创新的差异性影响。立足于不同生命周期观察和记录制度环境、技术环境对资源型企业绿色创新的差异性影响效应，能够更好地为资源型企业乃至整个行业的可持续发展提供更为坚实的理论和实证基础。

（3）指标构造系统性。本书从资源型企业的特性出发，采用资源型企业当年绿色专利获得量、资源型企业当年绿色发明专利获得量分别衡量制造业资源型企业绿色创新质量，这些指标在一定程度上反映了资源型企业绿色技术创新内涵。未来可以进一步以资源型企业绿色创新技术、绿色创新行为、绿色创新意识、绿色创新产品和绿色创新工艺等角度深度挖掘资源型企业绿色创新内涵并相应构建指标。同时，可以通过纳入更多非专利性指标，丰富资源型企业绿色创新的维度，构建更具代表性的综合指标。

这些综合指标和框架不仅能够提供更加细致的洞察，帮助资源型企业识别和强化绿色技术创新的各个薄弱环节，还能为投资者、监管机构和其他利益相关者提供更加全面的评估基础，从而推动资源型企业在绿色转型的道路上取得实质性的进展。

（4）研究方法前瞻性。本书主要从上市公司年报和社会责任报告、《中国分省份市场化指数报告》、CCER 数据库、CSMAR 数据库等获取研究数据，并运用多元回归模型和双重差分模型等，从制度环境和技术环境两个视角出发剖析何种环境下能够激活资源型企业绿色创新内驱力，因地制宜、因物制宜、因事制宜地厘清制度环境、技术环境对资源型企业绿色创新的影响效应和差异性作用机制。然而，本书所用主要为二手数据，且双重差分模型面临可信性问题。因此，未来可以通过访谈法、扎根理论、调研法等获取一手案例和数据，并综合运用多种稳健性检验以及机器学习方法充分探讨制度环境和技术环境对资源型企业绿色创新的影响效应和作用机制，以及资源型企业绿色创新的经济绩效和环境绩效。